高等职业教育"十四五"新形态教材

虚拟仿真企业综合运营实训教程

主　编　曾　苑　邓文博

副主编　姜　庆　吴春尚　周　原　游　帆

中国水利水电出版社
www.waterpub.com.cn

·北京·

内 容 提 要

本教材是编者根据多年从事"跨专业虚拟仿真"教学和指导大赛的经验编写而成的，综合了工商企业管理、会计、市场营销及物流管理等经管类专业知识。教材具体内容包括实训前准备与工商注册、虚拟商业环境仿真规则、制造公司运营、商贸公司运营、供应商运营、行政服务中心运营、交易服务中心运营、商业银行运营、会计师事务所运营、物流公司运营、人才交流中心运营、人事管理和财务管理。

本教材通过让学生按照与真实企业运作流程一致的工作流程进行仿真经营，感悟复杂商业环境下的企业经营，这不仅能促进经管类专业学生对专业知识的理解和掌握，更锻炼和提高学生的综合素质和能力。

本教材可作为职业院校本科和专科经管类学生的"跨专业虚拟仿真"课程用书。

图书在版编目（CIP）数据

虚拟仿真企业综合运营实训教程 / 曾苑，邓文博主编. -- 北京：中国水利水电出版社，2023.6
高等职业教育"十四五"新形态教材
ISBN 978-7-5226-1546-2

Ⅰ. ①虚… Ⅱ. ①曾… ②邓… Ⅲ. ①企业经营管理－仿真系统－应用软件－高等职业教育－教材 Ⅳ.
①F272.7

中国国家版本馆CIP数据核字(2023)第104153号

策划编辑：陈红华　责任编辑：王玉梅　加工编辑：白绍昀　封面设计：梁　燕

书　　名	高等职业教育"十四五"新形态教材 虚拟仿真企业综合运营实训教程 XUNI FANGZHEN QIYE ZONGHE YUNYING SHIXUN JIAOCHENG
作　　者	主　编　曾　苑　邓文博 副主编　姜　庆　吴春尚　周　原　游　帆
出版发行	中国水利水电出版社 （北京市海淀区玉渊潭南路 1 号 D 座　100038） 网址：www.waterpub.com.cn E-mail：mchannel@263.net（答疑） 　　　　　sales@mwr.gov.cn 电话：（010）68545888（营销中心）、82562819（组稿）
经　　售	北京科水图书销售有限公司 电话：（010）68545874、63202643 全国各地新华书店和相关出版物销售网点
排　　版	北京万水电子信息有限公司
印　　刷	三河市鑫金马印装有限公司
规　　格	184mm×260mm　16 开本　11.5 印张　259 千字
版　　次	2023 年 6 月第 1 版　2023 年 6 月第 1 次印刷
印　　数	0001—2000 册
定　　价	38.00 元

前　言

　　实践教学是高校帮助学生加深和巩固专业理论知识的重要手段，是提升学生动手能力的关键途径，同时也是高校培养复合型、应用型人才的必经之路。国家相继出台了《国家职业教育改革实施方案》（国发〔2019〕4号）、《关于推动现代职业教育高质量发展的意见》等相关政策，积极鼓励和推进高校进行实践教学改革。跨专业虚拟仿真综合实训是高校经管类专业实践教学的重要环节，是高等教育现代化及信息化的必然趋势和选择，对改变经管类专业的实训现状，拓宽学生知识面，提升学生专业技能，增强学生综合实践能力，培养创新创业型、复合型和应用型人才等具有重要意义。

　　本教材正是"跨专业虚拟仿真"综合实训课程所需教材，依托于虚拟仿真商业环境综合实训平台。该虚拟仿真商业环境综合实训平台是广州凌仁乐科技有限公司在为广东财经大学定制开发的跨专业仿真实习平台模块的基础上，基于真实案例开发的，平台构建了仿真商业环境，虚拟了政府部门、生产制造公司、商贸类企业和社会服务类企业等各类社会组织、部门和岗位间的交互过程。在实训过程中把学生分配到仿真社会环境的政府部门、商贸企业、制造公司、服务型企业等组织的不同工作岗位，让学生按照完全与现实商业环境一致的工作流程完成包括创办企业、经营管理企业等一系列工作任务，训练和提升学生的专业知识和跨专业知识的应用能力、职业能力、市场竞争意识与能力、团队沟通与协作能力、分析和解决问题的能力、创新创业能力等。实践证明，基于虚拟仿真商业环境综合实训平台的跨专业实践教学模式能有效培养具有创新创业能力的复合型人才。

　　本教材详细介绍了虚拟商业环境中各组织之间的业务关系，以及各岗位的工作内容、工作流程、工作指引和相关知识等，让学生在虚拟的政务、市场、商业、服务环境中，根据业务规则和业务流程，运用所学知识，进行仿真运营和业务运作，获得与真实岗位工作一致的感受。

　　本教材积极贯彻党的二十大精神，融入课程思政，践行立德树人，培养学生的专业技能和综合素质。本教材是广东省高等职业教育教学质量与教学改革工程项目"财经商贸类专业群'三课三进三融'人才培养模式探索"（课题编号：GDJG2021328）及河源职业技术学院教育教学改革研究与实践项目"财经商贸类专业群'一领二合三融'实践教学模式研究"（课题编号：HZJG202107）的阶段性成果。主编由河源职业技术学院的曾苑和广东生态工程职业学院的邓文博担任，副主编由河源职业技术学院的姜庆、周原、游帆及广东财贸职业学院的吴春尚担任，参加编写的人员还有广州凌仁乐信息科技公司的顾蔚坤、王海波、蒙宣兆，广东生态工程职业学院的李美菲及广东财贸职业学院的刘艳。

　　由于编者水平有限，加上国内可以参考的同类教材较少，书中难免存在缺点和不足之处，敬请广大读者批评指正！

编　者

2023 年 2 月

目　　录

模块一　实训前准备与工商注册

【知识目标】

- 了解企业运营的过程
- 掌握企业工商注册的流程
- 掌握企业开立银行结算账户的流程

【能力目标】

- 能进行企业工商注册
- 会开立银行结算账户

【思政目标】

- 培养学生的创新创业意识
- 树立学生的团队意识，提高学生的协作沟通能力

项目一　虚拟商业环境综合实训平台简介

随着互联网技术和仿真技术的发展，通过构建与真实商业环境和市场环境一致的虚拟商业环境来培养应用型、开放型、复合型、创新创业型人才已成为现实。虚拟商业环境主要由生产制造组织、商贸组织、物流组织、社会服务类组织和政府服务组织构成。让学生在虚拟商业环境的政府部门、商贸公司、制造公司、服务型企业等组织的不同岗位工作，完成创办企业、经营管理企业等一系列工作任务，可以训练和提升学生的专业知识和跨专业知识的应用能力、职业能力、市场竞争意识与能力、团队沟通与协作能力、分析和解决问题的能力、创新创业能力等。

一、商业社会环境构成

构建的虚拟商业环境要与真实商业环境相似，也要与人才培养目标相一致。针对财经商贸大类的专业人才培养目标，平台选取了政府部门、制造公司、商贸类企业和社会服务类企业构建了虚拟商业环境，如图 1-1 所示。

虚拟商业环境分成工业区、商贸区、现代服务区、行政服务区，每个区有若干个组织，各组织的主要职能见表 1-1。

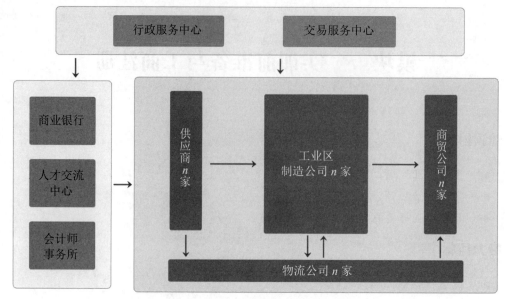

图 1-1 虚拟商业环境的组织关系

表 1-1 虚拟商业环境各组织的主要职能

规划区	仿真组织名称	主要职能
工业区	制造公司 n 家	生产和销售大众需求的消费品
商贸区	供应商 n 家	提供制造公司生产所需的原材料
	商贸公司 n 家	把从交易服务中心获得的订单发给制造公司生产
	物流公司 n 家	为供应商、制造公司和商贸公司提供物流运输业务
现代服务区	商业银行 1 家	为工业区和商贸区的所有企业提供金融服务
	人才交流中心 n 家	为工业区和商贸区的所有企业提供人才交流服务
	会计师事务所 n 家	为工业区和商贸区的所有企业提供会计咨询服务
行政服务区	行政服务中心 1 家	工商注册和市场监管、纳税辅导和征收税款、政府部门其他职能、水电等公共事业部门职能等
	交易服务中心 1 家	提供交易服务，包括市场需求、原材料的供应、固定资产销售和出租、政府采购和拍卖等

二、实习组织部门及岗位构成

1. 制造公司的组织结构和岗位

制造公司分为行政部、人力资源部、财务部、市场部、生产部、采购部、物流部等部门，每个部门设置不同的岗位，对应不同专业的学生，如图 1-2 所示。

在虚拟商业环境中，企业负责人通过一定的机制竞聘产生，其他岗位结合学生自主选择和教师统筹安排而定，有些岗位可以进行合并，实现一人多岗，也可以根据工作需要进行轮岗。制造公司的主要岗位与职责见表 1-2。

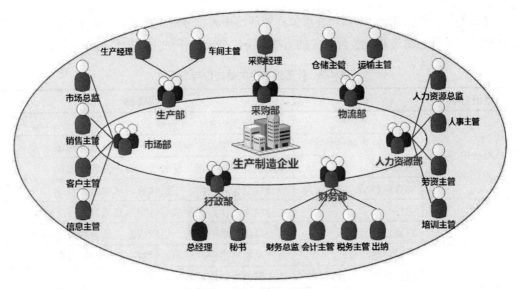

图 1-2　制造公司的部门设置和主要岗位

表 1-2　制造公司的主要岗位与职责

部门	参考职位	岗位主要职责
行政部	总经理	主持公司全面工作，负责公司经营发展等工作
	秘书	会议记录、制度制定、工商注册等职责
人力资源部	人力资源总监	管理人力资源部工作，制订员工需求计划与预算
	人事主管 劳资主管 培训主管	分别负责公司的人员招聘、人员晋升、工资计算、人员培训等业务
财务部	财务总监	对公司的财务管理负全面负责，拟定筹资、投资方案，编制财务预算
	会计主管	记录经济业务，组织会计核算，登记账簿，对账、结账，编制财务报告
	税务主管	主要负责税务有关业务
	出纳	负责公司现金收付，登记、记账等
市场部	市场总监	全面负责公司营销规划与管理
	销售主管	负责公司销售发货及销售决策等业务
	客户主管 信息主管	负责市场信息采集、客户关系维护等业务
生产部	生产经理	对公司生产管理负全面责任，制订生产预算以及设备需求计划
	车间主管	进行产销排程、车间作业，制订设备需求计划
采购部	采购经理	负责公司材料采购，编写采购预算，签订采购合同
物流部	仓储主管	负责公司物流与仓储工作，制订物流预算
	运输主管	负责公司物流运输安排工作

2. 外部组织的主要岗位与职责

外部组织包括商贸区、现代服务区、行政服务区的单位，主要是为了配合制造公司开展相对完整的生产经营活动。本项目在虚拟商业环境中根据专业的针对性和仿真环境运作的需要抽取了一部分与制造公司经营相关的直接业务。外部组织的主要岗位与职责见表1-3。

表 1-3 外部组织的主要岗位与职责

组织名称	职位	主要职责
行政服务中心	主任	主持全面工作
	工商行政管理局科员	负责市场监管、工商注册与预名称核准等工作
	税务局科员	主要负责税务登记、征收等业务，发票管理
	综合局科员	负责社会保险缴纳、工资代收、水电费代收等
交易服务中心	主任	主持全面工作，控制成品订货单和原材料供应的规模
	商品部经理	负责商品订单的发布，组织成品交易会和政府采购
	原材料部经理	负责原材料供应，组织原材料交易会和拍卖会
	固定资产管理部	负责固定资产的销售和租赁等工作
供应商公司、商贸公司、物流公司	总经理	负责公司规划与全面管理
	部门经理	负责处理公司各项业务，并向总经理汇报
	会计	负责财务及税务业务
	出纳	负责现金管理和资金收付业务
会计师事务所	所长	负责单位全面管理
	审计员	负责审计业务处理，并向所长汇报
人才交流中心	主任	处理中心的全面业务
	会计	负责财务及税务业务
	出纳	负责现金管理和资金收付业务
商业银行	行长	负责全面管理
	柜员	处理对公转账业务和贷款业务

项目二 综合运营过程总览

一、组织间业务关系及业务流程

虚拟商业环境中组织间的业务关系如图1-3所示。

各组织间的业务关系有以下几种。

1. 行政服务中心与各组织的关系

经营性组织（供应商、制造公司、商贸公司和物流公司）向行政服务中心申请工商注册和税务登记。在运营阶段，经营性组织要自觉向行政服务中心的税务部门申报纳税，向综合服务部门缴纳社会保险（简称"社保"）和水电费等；制造公司向工商行政管理部门申请产品生产资质。行政服务中心对虚拟商业环境的所有组织行使监督、指导和服务的职能。

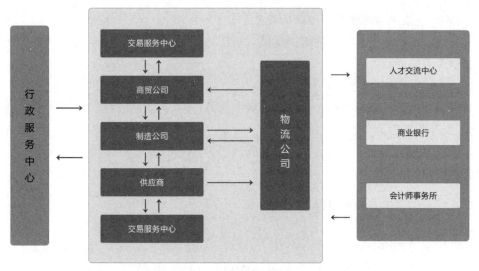

图 1-3 组织间的业务关系

2. 交易服务中心与各组织的关系

（1）交易服务中心成品业务部发布各产品、各市场需求量和指导价信息；每季度初，交易服务中心组织商贸公司参加成品竞投会，商贸公司根据市场调查信息向交易服务中心提交竞单申请，交易服务中心根据市场需求和价格弹性把成品订单发给商贸公司。

（2）交易服务中心发布各物料基本供应量和基本价格信息；每季度初，交易服务中心组织供应商参加原材料竞投会；供应商根据市场信息提交原材料竞单申请，获得交易服务中心的原材料。

（3）交易服务中心为商贸公司、供应商、制造公司、物流公司提供固定资产销售和租赁服务。

（4）每季度初，交易服务中心组织商贸公司和制造公司参加成品交易会，以促成双方的成品交易活动；组织制造公司和供应商参加原材料交易会，以促成双方的原材料交易活动。

3. 商贸公司与制造公司的关系

商贸公司与制造公司参加成品交易会，线下签订购销合同，由商贸公司向制造公司发送采购订单，制造公司审核确认订单。制造公司按照订单要求的产品品种、数量和交货期进行交付，商贸公司收货后支付货款，制造公司开具增值税专用发票。

4. 制造公司与供应商的关系

制造公司与供应商参加原材料交易会，线下签订购销合同，由制造公司向供应商发送采购订单，供应商审核确认订单。供应商按照订单要求的原材料品种、数量和交货期进行交付，制造公司收货后支付货款，供应商开具增值税专用发票。

5. 物流公司与其他经营组织的关系

（1）供应商向制造公司交付材料并由物流公司承担运输业务，供应商支付运输服务费。

（2）制造公司向商贸公司交付成品并由物流公司承担运输业务，制造公司支付运输服务费。

（3）物流公司向商贸公司和供应商提供仓储服务。

6. 人才交流中心与经营性组织的关系

人才交流中心为所有经营性组织提供人员招聘和人才外包服务；人才交流中心为制造公司提供工人培训服务。

7. 商业银行与各组织的关系

商业银行为所有组织提供存款和对公转账服务，同时为经营性组织提供贷款服务。

8. 会计师事务所与各组织的关系

会计师事务所为经营性组织提供财务咨询服务，也可以代理行政服务中心的审计和税务稽查业务。

二、综合运营主要业务流程

在虚拟商业环境中，主要业务的流程与组织的对应关系见表 1-4。

表 1-4　主要业务的流程与组织的对应关系

阶段	序号	业务模块	组织或角色	功能说明	操作流程
准备阶段	1	岗位申请	申请学生	进行各个单位的负责人岗位申请	前台登录→岗位申请→资料填写→确定
					后台登录→实训控制→结束岗位申请
	2	竞岗路演	申请学生	对竞岗进行路演投票	后台登录→实训控制→开始竞岗路演
					登录→投票
					后台登录→实训控制→结束岗位申请
	3	团队组建	所有学生	各单位负责人发出组建团队邀请，受邀请组员确定操作	后台登录→实训控制→开始团队组建
					前台登录→邀请组员→接受邀请→完成组建
					后台登录→实训控制→结束团队组建
期初阶段	4	公司注册与开业	商贸公司、制造公司、物流公司、供应商、行政服务中心、商业银行	各公司分别到行政服务中心进行注册、税务登记；进行银行开户；筹备开业	前台登录→负责人填写工商登记信息→负责人填写税务登记信息→工商局审核→税务局审核→银行开户→做好办公场所和人员筹备工作→负责人开业
运营阶段	5	成品竞单	交易服务中心、商贸公司	开启成品竞单，商贸公司竞单并获取订单	交易服务中心：竞单管理→新增竞单→审核发放订单
					商贸公司：成品竞单→市场调研（可选）→竞单方案→成品订单
	6	成品交易会	交易服务中心、商贸公司、制造公司	交易会管理	交易服务中心：成品交易会→交易会管理→新增交易会
					商贸公司：成品交易会→参加交易会→采购管理→采购订单→新增订单→填写订单→仓库租赁→新建成品仓库租赁订单→采购到货→到货入库→销售管理→订单交付
					制造公司：成品交易会→参加交易会→销售管理→销售订单→接收订单→订单交付

续表

阶段	序号	业务模块	组织或角色	功能说明	操作流程
运营阶段	7	原材料竞单	交易服务中心、供应商	原材料竞单操作	交易服务中心：原材料竞单→竞单管理→新增竞单→供应材料
					供应商：原材料竞单→竞单方案→原材料订单→仓储服务→仓库租赁→新建原材料仓库租赁订单→采购订单→采购到货→到货入库
	8	原材料交易会	交易服务中心、供应商、制造公司	原材料交易	交易服务中心：原材料交易会→新建交易会
					供应商：原材料交易会→参加交易会→线下谈判→销售订单→接单→订单交付
					制造公司：原材料交易会→参加交易会→线下谈判→采购订单→采购到货
	9	物流运输	物流公司、制造公司、供应商、商贸公司	成品运输	制造公司：订单交付→库存出库→填写物流订单
					物流公司：货物揽收→揽收入库→运输计划→配载发运
				原材料运输	供应商：订单交付→库存出库→填写物流订单
					物流公司：货物揽收→揽收入库→运输计划→配载发运
	10	员工招聘	制造公司、供应商、物流公司、商贸公司、人才交流中心	开业招聘、经营期招聘	经营性组织：人事管理→人才招聘→信息填写→提交订单
					人才交流中心：人才招聘→人才计划→订单审核
	11	生产线购买	制造公司、交易服务中心	前期生产需制造公司购买生产线进行生产作业，生产线投入需等待一个月时间	制造公司：采购管理→固定资产采购→填写采购订单
					交易服务中心：固定资产采购→订单审核
	12	仓库租赁	供应商、物流公司、商贸公司	供应商需向物流公司租赁原材料仓库存放供应商采购的原材料	供应商：仓储服务→仓库租赁→订单填写→提交订单
					商贸公司：仓储服务→仓库租赁→订单填写→提交订单
					物流公司：仓库管理→仓库出租→订单审核
	13	生产管理	制造公司	制订主生产计划、进行生产管理	生产管理→产品档案→查看物料清单
					生产管理→产品研发→开始研发→研发完成
					生产管理→生产计划→新增计划
					生产管理→需求计划
					生产管理→需求列表
					生产管理→生产排程
					生产管理→领料生产
					生产管理→生产完工

续表

阶段	序号	业务模块	组织或角色	功能说明	操作流程
运营阶段	14	银行服务	商业银行	银行服务包括开户、查账、转账、长短期贷款	柜台业务→银行开户→开户
					柜台业务→银行查账→流水明细/转账明细
					柜台业务→银行转账→转账
					银行贷款→短期贷款→审核→审核放款
					银行贷款→长期贷款→审核→审核放款
					综合业务→参数设置
	15	会计咨询服务	会计师事务所	会计师事务所包含审计业务、税务代理服务、代理记账、财务咨询等	审计业务→审计业务→申请
					财务业务→代理记账→申请
					财务业务→财务咨询→申请
					税务业务→税务代理→申请

三、综合运营总体流程

综合运营分为准备阶段、期初阶段、运营阶段和期末阶段，如果需要经营 2～3 年，那么第 2～3 年将重复进行期初阶段、运营阶段和期末阶段。图 1-4 是制造公司的总体运营流程，其他组织对照制造公司的流程开展相应业务。

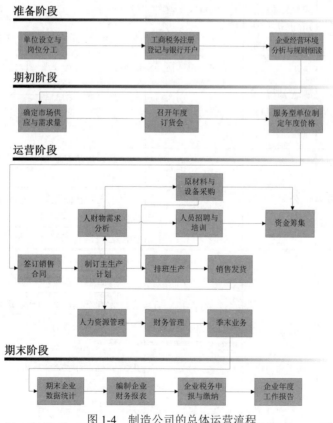

图 1-4 制造公司的总体运营流程

项目三 综合运营预备工作

一、平台登录界面

打开火狐浏览器，输入平台系统网址（具体网址根据系统的部署情况而定），出现平台登录界面，选择对应的班级或对应的训练批次，输入学号和密码进入系统，如图1-5所示。

图1-5 登录界面

二、负责人竞聘与投票

1. 申请竞聘和填报信息

参加负责人岗位竞选的学生，需在岗位申请模块进行申请，单击右侧流程的"机构负责人及企业CEO竞选"图标进入申请页面，如图1-6所示。

图1-6 机构负责人及企业CEO竞选

单击相应岗位的"申请"按钮可进行申请信息填写，确定填写信息无误后，单击"提交竞选"按钮，如图1-7所示，并开始准备竞岗路演。

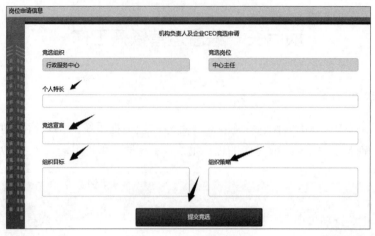

图 1-7　填写竞聘信息

2. 发表竞聘演讲

参加机构负责人的竞聘，需要准备演讲的 PPT 或讲稿，竞聘演讲的内容和技巧是能否竞聘成功的关键。

（1）竞聘演讲的内容。首先应说明竞聘什么岗位和对该岗位的认知；其次要说明参加竞聘的理由、自己的特长和竞聘该岗位的优势；接着要详细阐述未来的工作计划与设想；最后要表明自己的决心和请求。

（2）竞聘演讲的技巧。根据竞聘演讲的内容，把握好演讲技巧，要先声夺人，要有浩然正气，而不是盛气、霸气、骄气、傲气，态度要真诚，不要说大话，不要过于自夸。

竞聘者内心要充满自信，演讲时声音响亮、用简练的话语把自己的思想表达出来，充分展示自己丰富的知识和经验；要谦逊有礼，尽量让参与投票的人产生认同感，获得大家的相信和支持；在演讲时还要表态，自己一旦当选将不辜负大家的信任。

3. 投票

竞聘人完成竞岗路演后，其他学生进行评分。评分的方式有两种，学生可使用账号、密码在计算机登录系统，对参加竞选路演的同学进行评分；也可以使用手机扫描二维码登录系统进行评分，如图 1-8 所示。

图 1-8　竞选评分

团队组建

三、团队组建

1. 团队组建要求

创业团队组建的 5 个要求如下：

（1）创业团队的所有人都要志同道合，大家有统一的目标和想法。

（2）创业团队最好都是彼此了解的熟人。

（3）创业团队中的每个人应该分工明确，各有优势并能互补。

（4）创业团队中的每个人都要互相认可，并能积极配合工作。

（5）根据所选择的创业内容去选择所需的各类人才，形成精简、高效、富有激情的创业团队。

在虚拟商业环境中，为了发挥学生的专业特长，并能在训练过程中互相学习，原则上要求制造公司来自同一专业的成员不超过 2 人，其他组织每个成员都应来自不同的专业。

2. 平台操作要求

负责人在线下完成组建团队的工作后登录系统，向加入团队的成员发送邀请，如图 1-9 所示；成员接收到邀请后，单击"接受"按钮确认邀请即可，如图 1-10 所示。在成员未确认邀请前，负责人可变更邀请。

图 1-9 邀请团队成员

图 1-10 团队成员接受邀请

项目四　企业工商登记注册

一、企业工商登记注册业务概述

各类型企业股东召开股东会议，讨论确定企业名称和其他事项，到工商局进行名称预先核准，取得"企业名称预先核准通知书"；按照既定流程进行设立登记，取得营业执照正、副本。

二、企业工商登记注册业务流程

企业登记注册流程如图 1-11 所示。

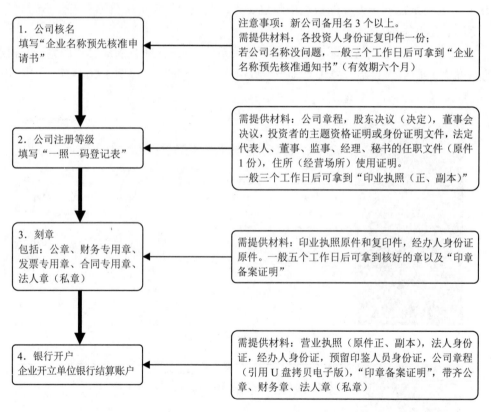

图 1-11　企业登记注册流程

三、企业注册的工作指引

企业注册

进入公司注册界面，填写公司注册信息，如图 1-12 所示，填写完成后单击"申请"按钮，发送到行政服务中心工商管理部门审批。

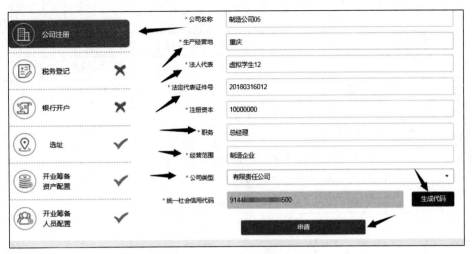

图 1-12 公司注册

四、"企业名称预先核准申请书"填制

"企业名称预先核准申请书"的样表见表 1-5。

表 1-5 企业名称预先核准申请书（样例）

注意：请仔细阅读本申请书填写说明，按要求填写。

□企业设立名称预先核准				
申请企业名称				
备选 企业字号	1.			
	2.			
	3.			
企业住所地	省（市/自治区） 市（地区/盟/自治州） 县（自治县/旗/自治旗/市/区）			
注册资本（金）	万元	企业类型		
经营范围				
投资人	名称或姓名		证照号码	
□已核准名称项目调整（投资人除外）				
已核准名称			通知书文号	
拟调整项目	原申请内容		拟调整内容	
□已核准名称延期				

续表

已核准名称			通知书文号		
原有效期			有效期延至	年 月 日	
指定代表或者共同委托代理人					
具体经办人姓名		身份证件号码		联系电话	
授权期限	自 年 月 日至 年 月 日				

授权权限 1. 同意□不同意□核对登记材料中的复印件并签署核对意见；
  2. 同意□不同意□修改有关表格的填写错误；
  3. 同意□不同意□领取《企业名称预先核准通知书》。					

（指定代表或委托代理人、具体经办人身份证件复印件粘贴处）					
申请人 签字或盖章				年 月 日	

"企业名称预先核准申请书"填写说明：

1. 本申请书适用于所有内资企业的名称预先核准申请、名称项目调整（投资人除外）、名称延期申请等。

2. 向登记机关提交的申请书只填写与本次申请有关的栏目。

3. 申请人应根据《企业名称登记管理规定》和《企业名称登记管理实施办法》有关规定申请"企业设立名称预先核准"，确保所提供信息应真实、合法、有效。

4. "企业类型"栏应根据以下具体类型选择填写：有限责任公司、股份有限公司、分公司、非公司企业法人、营业单位、企业非法人分支组织、个人独资企业、合伙企业。

5. "经营范围"栏只需填写与企业名称行业表述相一致的主要业务项目，应参照《国民经济行业分类》国家标准及有关规定填写。

6. 申请企业设立名称预先核准、对已核准企业名称项目进行调整或延长有效期限的，申请人为全体投资人。其中，自然人投资的由本人签字，非自然人投资的加盖公章。

7. 在原核准名称不变的情况下，可以对已核准名称项目进行调整，如住所、注册资本（金）等，变更投资人项目的除外。

8. "企业名称预先核准通知书"的延期应当在有效期期满前一个月内申请办理，申请延期时应缴回"企业名称预先核准通知书"原件。投资人有正当理由，可以申请"企业名称预先核准通知书"有效期延期六个月，经延期的"企业名称预先核准通知书"不得再次申请延期。

9. 指定代表或委托代理人、具体经办人应在粘贴的身份证件复印件上用黑色钢笔或签字笔签字确认"与原件一致"。

10. "投资人"栏及"已核准名称项目调整（投资人除外）"栏可加行续写或附页续写。

11. 申请人提交的申请书应当使用 A4 型纸。依本表打印生成的，使用黑色钢笔或签字笔签署；手工填写的，使用黑色钢笔或签字笔工整填写、签署。

五、知识链接

要求学生熟悉《中华人民共和国公司法》、《企业名称登记管理规定》和《企业名称登记管理实施办法》中关于企业登记的相关内容和专业知识，认真学习企业法律形式、企业登记方面的知识；按照有关要求认真准备资料、酝酿企业名称、制定企业章程、设计商标等，再前往行政服务中心工商行政管理科办理企业登记。

项目五 企业开立银行结算账户

一、企业开立银行结算账户业务概述

各仿真组织办理现金收付和日常转账结算，需要到商业银行开立人民币基本结算账户。单击"银行开户"，系统提示"贵公司尚未完成银行开户任务，请到'商业银行'的'柜台'完成银行开户业务"，如图 1-13 所示。

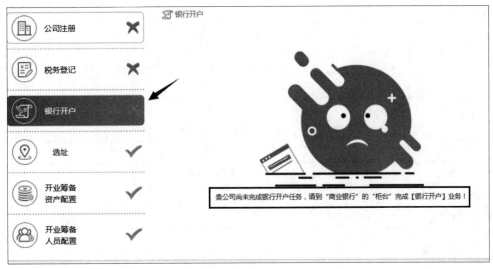

图 1-13　提示银行开户

二、企业开立银行结算账户业务流程

企业开立银行结算账户流程如图 1-14 所示。

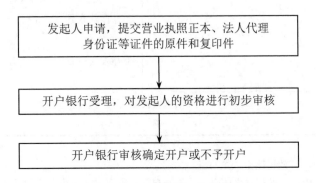

图 1-14　企业开立银行结算账户流程

三、企业开立银行结算账户申请书填制

"开立单位银行结算账户申请书"见表1-6，"开立个人银行结算账户申请书"见表1-7。

表1-6 开立单位银行结算账户申请书

存款人名称				电 话	
地址				邮 编	
组织代码		法定代表人或负 责 人	姓名		
			证件种类		
			证件号码		
上级法人或主管单位名称					
上级法人或主管单位组织代码		上级法人或主管单位法定代表人或负 责 人	姓名		
			证件种类		
			证件号码		
账户性质	基本存款账户（ ）　　　一般存款账户（ ） 专用存款账户（ ）　　　临时存款账户（ ）				
证明文件种类			证明文件编号		
地税登记证号			国税登记证号		
经营范围					
关联企业名称					
以下栏目由开户银行审核后填写：					
开户银行名称					
存款人账号			有效日期	至　　　年　月　日	
开户核准号					
本存款人申请开立银行结算账户，承诺所提供的开户资料真实、有效，如有伪造、欺诈，承担法律责任。 法定代表人　　　单位（公章） 或负责人（签章） 　　　　　　　　　　　　年　月　日			开户银行审核意见： 同意存款人开立　　　　结算账户。 经办人（签章）　　　开户银行（业务公章） 　　　　　　　　　　　　年　月　日		
中国人民银行核准意见	（中国人民银行账户管理专用章） 　　　　　　　　　　　　年　月　日				

填写说明：

1．开立临时存款账户，有效日期必须填写。

2．本书一式三份，其中：一份存款人留存，一份开户银行留存，一份由开户银行报送中国人民银行当地分支行（不需中国人民银行核准的账户除外）。

表 1-7　开立个人银行结算账户申请书

存款人名称			
账号			
住址			
邮政编码		联系电话	
证件种类		证件编号	
备注			
本人申请开立个人银行结算账户，并承诺所提供的开户资料真实、有效，如有伪造、欺诈，承担法律责任。 　　　　　　　　　存款人（签章） 　　　　　　　　　　年　月　日		开户银行审核意见： 同意存款人开立个人银行结算账户。 经办人（签章）　　开户银行（业务公章） 　　　　　　　　　　　年　月　日	

填写说明：

1. 存款人需要使用支票的应在备注栏注明。
2. 本书一式两份，其中：一份存款人留存，一份开户银行留存。

四、知识链接

要求学生熟悉并遵守《人民币银行结算账户管理办法》及虚拟商业环境中关于开立银行结算账户的具体规定，并按照规定程序提交规定材料，办理开立银行结算账户业务。

项目六　公共功能操作指引

一、筹备开业

企业完成工商注册和银行开户后，进行开业筹备工作，包括基本资产配置和基本人员配置。筹备工作完成后，单击预备页面下方的"开业"按钮，系统提示"开业大吉！"

完成开业工作后，进入组织首页，单击如图 1-15 所示。首页右上角图标中包含实训任务、资金状况、信息中心、实训资源、得分榜、团队路演和服务评分七个功能模块。

二、实训任务

在首页单击"实训任务"按钮，显示所有的实训时间点、实训进度、任务完成情况和任务完成时间，如图 1-16 所示。如果当前实训时间段任务完成，单击"完成当前任务"按钮，系统记录任务完成时间。在每个时间节点，对同类组织中先完成任务的单位，平台给予加分。

图 1-15　组织首页

实训时间点（虚拟）	实训进度	任务完成情况	任务完成时间
2020-03-02	已结束	未完成	--
2020-03-28	进行中	未完成	完成当前任务
2020-04-02	未开始	--	--

图 1-16　实训任务控制

三、查看资金状况

查询资金账户和余额。在首页单击"资金状况"按钮，可以查看组织的银行账户、账户当前余额和每个时间节点的资金余额走势图，如图 1-17 所示。

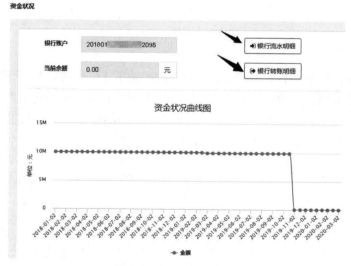

图 1-17　查看资金状况

单击"资金状况"界面的"银行流水明细"按钮，弹出银行流水明细账，可以输入时间段进行查询；单击"资金状况"界面的"银行转账明细"，弹出银行转账明细表，可以输入时间段进行查询。

四、信息中心

1. 查看信息

在首页单击"信息中心"按钮，可查看企业组织收到的系统公告、通知消息和机构消息等，如图 1-18 所示。

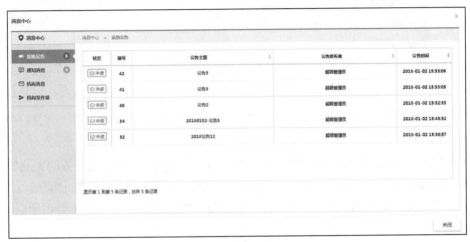

图 1-18　信息中心

2. 发送信息

在"消息中心"界面，选择左侧最下面的"机构发件箱"选项，进入发送信息界面，如图 1-19 所示。单击"新增"按钮，选择接收信息的组织，填写信息主题和信息内容，确定无误后，单击"发送"按钮。

图 1-19　组织发件箱

五、实训资源

在首页单击"实训资源"按钮，可查看实训的相关资源。

六、得分榜

在首页单击"得分榜"按钮，可查看团队平时得分、个人平时得分、经营团队得分、服务团队得分、个人最终得分等信息，如图 1-20 所示。

得分榜					
得分榜	得分榜 > 团队平时得分				
团队平时得分	序号	机构名称	线下任务	教师评分	团队路演得分	实训任务得分
个人平时得分	1	行政服务中心	1	0	0	0
经营团队得分	2	交易服务中心	23	0	40	0
服务团队得分	3	人才交流中心	1	0	0	0
个人最终得分	4	会计师事务所	1	0	0	0

图 1-20　得分榜

得分榜按照以下规则计算分数（根据期初教师配置参数计分方式不同可能略有不同）。

1. **团队平时得分**

每个时间节点，前 25%完成任务的团队加 5 分，前 25%～49%完成任务的团队加 3 分，前 50%～75%完成任务的团队加 1 分，最后 25%完成任务的团队不加分；团队参加路演可以获得加分，得分为路演平均分×10 分。最后得分折算成百分制分数，并占团队成绩的 50%。

2. **个人平时得分**

个人基础分为 100 分，参加负责人岗位竞选加 20 分，竞选成功加 20 分，每投票 1 次加 2 分；每迟到/早退 1 次扣 5 分，同时按照迟到/早退时间扣分，每分钟扣 1 分；每请假 1 次扣 5 分；每旷课 1 节扣 10 分。最后得分折算成百分制分数。

3. **经营团队得分**

经营性组织按照经营业绩计算分数，其中所有者权益占 50%，当期主营业务收入占 25%，当期净利润占 25%。最后得分折算成百分制分数，并占团队成绩的 50%。

4. **服务团队得分**

各组织可以对经营性组织，包括行政服务中心、交易服务中心、人才交流中心、商业银行、会计师事务所的服务进行评分，经营性组织获得的平均分折算成百分制得分，并占团队成绩的 50%。

5. **个人最终得分**

个人最终得分将按照学生姓名、学号、团队最终得分和个人最终得分列示每个学生的成绩。

七、团队路演

在首页单击"团队路演"按钮，可以看到路演列表，可以对正在进行的路演进行投票，如图 1-21 所示。学生每次投票都能获得个人成绩加分。

编号	路演标题	路演时间（虚拟）	是否可报名	状态	创建时间	操作
26	不可报名	--	✖不可报名	🔒未开始	2018-01-31 15:38:09	--
24	1-1	2019-10-02	✖不可报名	⏱进行中	2018-01-31 15:36:08	▶投票

图 1-21　团队路演投票

八、服务评分

在首页单击最右侧的"服务评分"按钮，可以看到经营性组织的评分情况表，如图 1-22 所示。单击"新增"按钮，可以增加对服务组织的评分，如图 1-23 所示；单击"服务评分"栏的分数，选择 1～5 分；同时可以在"服务评价"栏中输入评语；确认无误后，单击"提交"按钮。输入错误可单击最右侧的"删除"按钮。

编号	服务机构	服务评分	服务评价	评分时间（虚拟）	操作人	操作时间
47	行政服务中心	3分	--	2018-11-02	学生6	2018-01-12 14:21:19
46	行政服务中心	2分	--	2018-11-02	学生6	2018-01-12 14:20:45
45	行政服务中心	1分	--	2018-11-02	学生6	2018-01-12 14:20:24

图 1-22　查看服务评分

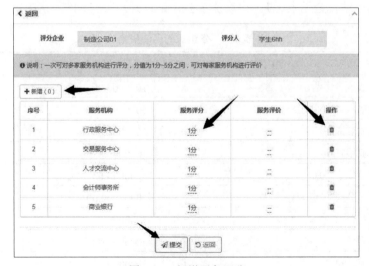

图 1-23　新增服务评分

模块二 虚拟商业环境仿真规则

【知识目标】

- 了解虚拟商业环境规则
- 了解制造公司、商贸公司、供应商及物流公司的运营规则

【能力目标】

- 能根据企业的运营规则经营企业

【思政目标】

- 培养学生的规则意识
- 树立法治精神

虚拟商业环境
综合实训平台规则-上

项目一 商业环境规则

商业环境规则是仿真环境中各组织开展运营活动必须共同遵守的行业规则。

一、启动资金和日常运营费用规则

1. 各组织的启动资金

各组织的启动资金见表 2-1。启动资金会在银行开户时自动转入组织的银行账户。

表 2-1 各组织的启动资金

行号	组织	启动资金/元
1	行政服务中心	1000000.00
2	交易服务中心	500000000.00
3	人才交流中心	1000000.00
4	商业银行	100000000.00
5	会计师事务所	5000000.00
6	制造公司	10000000.00
7	商贸公司	5000000.00
8	供应商	5000000.00
9	物流公司	5000000.00

2. 日常运营费用

各组织根据业务性质不同，需要支付的日常运营费用项目会有区别，但费用的标准是一致的，具体费用标准见表 2-2。

表 2-2　组织的日常运营费用

费用项目	金额	收费单位	核算项目	说明
办公楼租金	8000.00 元/月	交易服务中心	管理费用	自有办公楼、办公室、仓库和厂房不需要支付租金
办公室租金（商贸公司）	4000.00 元/月	交易服务中心	销售费用	
仓库租金	6800.00 元/月	交易服务中心	管理费用	
厂房租金	20000.00 元/月	交易服务中心	管理费用	
总部办公费	20000.00 元/月	行政服务中心	管理费用	总部办公费
销售部门办公费	10000.00 元/月	行政服务中心综合局	销售费用	销售部门办公费
交易会会务费	3000.00 元/次	交易服务中心	管理/销售费用	销售部门参加交易会记销售费用，采购部门参加交易会记管理费用
设备维护费用	3000.00 元/月	行政服务中心	制造费用	生产线维护费
水电费	1.00 元/产成品	行政服务中心	制造费用	—
招聘费用	600.00 元/人	人才交流中心	管理费用	—
培训费	800.00 元/人	人才交流中心	管理费用	—
人才外包费	1000.00 元/人	人才交流中心	管理费用	—
行政处罚	订单/合同金额的 5%	行政服务中心	营业外支出	—
违约金	订单/合同金额的 20%	合同对方	营业外支出	—
利息支出	按银行同期利率计算	银行	财务费用	—
调研费	2000.00 元/次	交易服务中心	销售费用	交易服务中心调研费

二、人力资源规则

1. 岗位级别与工资

经营性组织的岗位级别和工资标准见表 2-3。

表 2-3　岗位级别与工资标准

岗位	级别	工资/（元/月）	说明
总经理	7 级	10000.00	包括所有经营性组织负责人
部门经理	6 级	8000.00	各一级部门负责人，如业务部经理
主管	5 级	6000.00	各二级部门负责人，如销售主管
职员	4 级	4000.00	各部门职员（不含生产人员），如：营销人员、采购员、司机、仓管员、财会人员、人事专员等

续表

岗位	级别	工资（元/月）	说明
高级工人	3级	3200.00	—
中级工人	2级	3000.00	—
初级工人	1级	2800.00	—

2. 招聘规则

经营性组织在日常工作中需要招聘的人员不同，在虚拟商业环境中，各组织日常运营中需要招聘的人员和费用见表2-4。

表2-4　招聘费用表

序号	岗位名称	招聘企业	招聘费用/元
1	初级工人	制造公司	600.00
2	销售主管	商贸公司	600.00
3	销售员	商贸公司、供应商	600.00
4	采购员	供应商	600.00
5	仓储主管	物流公司	600.00
6	仓管员	物流公司	600.00

注：经营性组织提交招聘申请后，由人才交流中心根据人才供应量进行审核，审核通过的要一个月人员才能到岗。

3. 人事外包规则

在虚拟商业环境中，初级工人的招聘数量不设上限。其他岗位的人才供应数量是有限的，如果紧缺岗位招聘不成功，可以向人才交流中心申请人事外包，由人才交流中心派遣合适人员从事该岗位工作，每月收费为该员工当月工资的10%，在岗期间按月收取，人事外包的员工可以当月到岗。

4. 薪酬与社保规则

（1）应发工资=岗位基本工资。

（2）代扣社保=应发工资×5.5%。

（3）代扣住房公积金=应发工资×12%。

（4）计税工资=应发工资-代扣社保-代扣公积金。

（5）个人所得税=(计税工资-3500)×10%。

注：现实中，个人所得税是按最新政策计算的，是不断变化的。虚拟商业环境对个人所得税的计税办法进行了简化。

三、财务规则

1. 增值税税率与发票类型

仿真环境设定销售不动产、销售固定资产（设备）、销售产品、销售原材料、出租固定资产和提供物流运输服务需要开具增值税专用发票，提供劳务服务、提供信息咨询和代收水电费服务需要开具增值税普通发票，具体税率见表2-5。

表2-5 税率与发票类型

业务类型	适用税率	发票种类	说明
销售不动产	11%	增值税专用发票	销售厂房、仓库、办公楼、办公室
销售固定资产（设备）	17%	增值税专用发票	销售生产线、卡车等
销售产品、原材料	17%	增值税专用发票	销售产品、原材料
出租固定资产	17%	增值税专用发票	出租厂房、仓库、办公楼、办公室
提供物流运输服务	11%	增值税专用发票	物流运输费
提供劳务服务	6%	增值税普通发票	招聘费、培训费、人事外包费
提供信息咨询	6%	增值税普通发票	调研费，会务费
代收水电费服务	6%	增值税普通发票	水电费

注：在虚拟商业环境中，开具增值税专用发票的报价默认不含税价，开具增值税普通发票的报价默认为含税价。

2. 商业银行贷款规则

经营性组织可以向商业银行申请贷款，贷款的类型、期数、利率和还款规则见表2-6。

表2-6 贷款规则

贷款类型	贷款期数/月	利率	还款规则	备注
长期贷款	60、120、240	利率可由商业银行调整	每月还息，到期还本	贷款总额为企业固定资产的50%~70%
短期	3、6、12		每期还款为(本金+利息)/期数，到期还清	贷款额度为所有者权益的20%~60%

注：长期贷款申请通过后款项次月到账；短期贷款申请通过后款项当月到账。

3. 原材料与成品入库的核算规则

原材料与成品入库时按照加权平均法核算库存平均单位成本，计算方法如下：

加权平均单位成本=(上月末存货金额+当月购入存货金额)/(上月末库存数量+当月购入存货数量)

4. 提交报表和纳税周期规则

在虚拟商业环境中，要求每个季度初填报财务报表和进行纳税申报，即四月初填报第一季度报表，七月初填报第二季度报表，十月初填报第三季度报表，下年一月填报年报。填报报表的同时进行纳税申报。

四、固定资产管理规则

1. 固定资产购买和折旧规则

固定资产购买和折旧的规则见表2-7。

表 2-7　固定资产购买和折旧规则

固定资产	单位	购买价格/元	折旧年限/年	每月折旧/（元/月）
办公楼	栋	720000.00	20	3000.00
办公室	套	360000.00	120	1500.00
办公设备	套	10800.00	3	300.00
原材料仓库	个	600000.00	20	2500.00
成品仓库	个	600000.00	20	2500.00
卡车 A	辆	120000.00	5	2000.00
卡车 B	辆	150000.00	5	2500.00
厂房	栋	2400000.00	20	10000.00
手工生产线	条	90000.00	10	250.00
半自动生产线	条	360000.00	10	500.00
全自动生产线	条	720000.00	10	1000.00

注:

1. 购买生产线审核通过后，需要一个月的安装调试周期才能入库交付使用。其他固定资产在采购订单审核通过后马上可以入库使用。

2. 固定资产变卖只能按残值变卖，残值按照购买价格的 10% 计算。如果净值大于残值，损失部分计入营业外支出；如果净值小于残值，收益部分计入营业外收入。

2. 经营性组织配置办公设备的数量要求

经营性组织开业时必须购置一定数量的办公设备，具体数量见表 2-8。

表 2-8　经营性组织的办公设备套数

序号	企业类型	设备数量/套
1	制造公司	14
2	商贸公司	10
3	供应商	10
4	物流公司	10

五、产品规则

1. 产品 BOM 规则

BOM 为物料清单（Bill of Material）的缩写。表 2-9 列出了各产品的原材料结构、成品的重量和原材料的重量。

表 2-9　产品 BOM

物料 \ 产品	经济型童车	舒适型童车	豪华型童车	净重
车身	1 个	1 个	1 个	10 千克
车轮	4 个	4 个	4 个	0.5 千克

续表

物料＼产品	经济型童车	舒适型童车	豪华型童车	净重
电池	1 个	1 个	1 个	0.3 千克
电机	1 个	1 个	2 个	0.5 千克
电源适配器	1 个	1 个	1 个	0.3 千克
音乐模块	—	1 个	1 个	0.2 千克
遥控模块	—	—	1 个	0.5 千克
总净重	13.1 千克	13.3 千克	14.3 千克	
体积	130×70×50 厘米	130×70×50 厘米	130×70×50 厘米	

2．产品研发规则

产品研发周期和费用的规则见表 2-10。

表 2-10　产品研发规则

产品名称	研发周期/月	研发费用/元	研发总费用/元	研发条件
经济型童车	1	30000.00	30000.00	—
舒适型童车	2	50000.00	100000.00	经济型童车研发成功
豪华型童车	3	60000.00	180000.00	舒适型童车研发成功

项目二　制造公司规则

虚拟商业环境
综合实训平台规则-下

一、公司开业规则

1．开业需要购置的固定资产和费用

制造公司开业时需要购置的固定资产见表 2-11。

表 2-11　制造公司开业配置的固定资产

序号	付款项目	数量	单价/元	总价/元	税率	税额/元	合计/元
1	办公楼	1	720000.00	720000.00	11%	79200.00	799200.00
2	厂房	1	2400000.00	2400000.00	11%	264000.00	2664000.00
3	办公设备	14	10800.00	151200.00	17%	25704.00	176904.00
4	成品仓库	1	600000.00	600000.00	11%	66000.00	666000.00
5	原材料仓库	1	600000.00	600000.00	11%	66000.00	666000.00
6	合计			4471200.00		500904.00	4972104.00

2．开业需要招聘的人员与费用

制造公司开业时需要招聘的人员和费用情况见表 2-12。

表 2-12　制造公司开业需招聘的人员和费用

序号	岗位名称	招聘人数	招聘费用/（元/每人）
1	会计员	1	600.00
2	人事专员	1	600.00
3	采购员	1	600.00
4	销售员	1	600.00
5	仓管员	1	600.00
	合计		3000.00

二、生产管理规则

生产线人员配置和生产能力规则见表 2-13。

表 2-13　生产线人员配置和生产能力规则

生产线	初级工人	中级工人	高级工人	人数上限/人	每人每月产量/台	每月设备维护费/元
手工生产线	√	√	√	10	100	3000.00
半自动生产线	×	√	√	10	150	3000.00
全自动生产线	×	×	√	10	200	3000.00

注：每个厂房可以容纳 8 条生产线。

三、生产工人培训与晋升规则

初级工人和中级工人需要经过一定周期的培训才能晋升，具体规则见表 2-14 和表 2-15。

表 2-14　在职培训规则

岗位	培训费用/（元/人）	培训周期/月	培训成果
初级工人	400.00	1	可晋升中级工人
中级工人	800.00	1	可晋升高级工人
高级工人	—	—	—

表 2-15　脱产培训规则

岗位	培训费用/（元/人）	培训周期/月	培训成果
初级工人	800.00	1	中级工人
中级工人	1600.00	1	高级工人
高级工人	—	—	—

项目三 商贸公司规则

一、公司开业规则

1. 开业需要购置的固定资产和费用

商贸公司开业时需要购置的固定资产情况见表 2-16。

表 2-16 商贸公司开业配置的固定资产

序号	付款项目	数量	单价/元	总价/元	税率	税额/元	合计/元
1	办公楼	1	720000.00	720000.00	11%	79200.00	799200.00
2	办公设备	10	10800.00	108000.00	17%	18360.00	126360.00
3	合计			828000.00		97560.00	925560.00

2. 开业需要招聘的人员与费用

商贸公司开业时需要招聘的人员和费用情况见表 2-17。

表 2-17 商贸公司开业需招聘的人员和费用

序号	岗位名称	招聘人数	招聘费用/（元/每人）	总价/元
1	会计员	1	600.00	600.00
2	人事专员	1	600.00	600.00
3	采购员	1	600.00	600.00
4	销售员	1	600.00	600.00
5	销售主管	1	600.00	600.00
6	合计			3000.00

二、市场规则

商贸公司的市场开拓规则见表 2-18。

表 2-18 商贸公司市场开拓规则

市场	地点	开拓周期	开拓条件
东部市场	上海	公司本部，默认开拓	—
西部市场	重庆	未开拓	在该区域最少应有办公室 1 个、销售主管 1 名、销售员 1 名，方可开拓
南部市场	广州	未开拓	
北部市场	北京	未开拓	

三、交易规则

商贸公司与交易服务中心交易的成品价格以商贸公司的报价为成交价格，订单数量可综合商贸公司的报价、市场需求量和商贸公司竞单时申报的数量而得。一般竞单方案的价格越高，获得订单数量越少，但是获取的订单数量最多不能超过商贸公司申报的数量。商贸公司获取订单后应该在季度末按照订单数量交货，否则将需要缴纳违约罚金。

商贸公司与制造公司的产品交易价格、数量和交货期由交易双方线下谈判沟通确定。制造公司必须满足订单数量才可在交货期内向商贸公司交货。不能按期交货需按照合同约定缴纳违约金，如需赔偿，则在缴纳违约金后再协商赔偿金额。

项目四　供应商规则

一、公司开业规则

1. 开业需要购置的固定资产和费用

供应商开业时需要购置的固定资产情况见表 2-19。

表 2-19　供应商开业配置的固定资产

序号	付款项目	数量	单价/元	总价/元	税率	税额/元	合计/元
1	办公楼	1	720000.00	720000.00	11%	79200.00	799200.00
2	办公设备	10	10800.00	108000.00	17%	18360.00	126360.00
3	合计			828000.00		97560.00	925560.00

2. 开业需要招聘的人员与费用

供应商开业时需要招聘的人员和费用情况见表 2-20。

表 2-20　供应商开业需招聘的人员和费用

序号	岗位名称	招聘人数	招聘费用/（元/每人）	总价/元
1	会计员	1	600.00	600.00
2	人事专员	1	600.00	600.00
3	采购员	1	600.00	600.00
4	销售员	1	600.00	600.00
5	合计	4		2400.00

二、交易规则

供应商与交易服务中心交易的原材料价格以供应商的报价为成交价格，订单数量可综合供应商的报价、市场供应量和供应商竞单时申报的数量而得。一般竞单方案的价格越高，获得原材料订单数量越多,但是获取的订单数量最多不能超过供应商申报的数量。竞单结束,生成原材料订单后,交易服务中心会及时把原材料送到供应商的仓库,供应商必须有原材料仓库才能收货。

供应商与制造公司的原材料交易价格、数量和交货期由交易双方线下谈判沟通确定。供应商必须满足订单数量才可在交货期内向制造公司交货。不能按期交货需按照合同约定缴纳违约金,如需赔偿,则在缴纳违约金后再协商赔偿金额。

项目五 物流公司规则

一、公司开业规则

1. 开业需要购置的固定资产和费用

物流公司开业时需要购置的固定资产情况见表 2-21。

表 2-21 物流公司开业配置的固定资产

序号	付款项目	数量	单价/元	总价/元	税率	税额/元	合计/元
1	办公楼	1	720000.00	720000.00	11%	79200.00	799200.00
2	办公室	1	360000.00	360000.00	11%	39600.00	399600.00
3	办公设备	10	10800.00	108000.00	17%	18360.00	126360.00
4	成品仓库	1	600000.00	600000.00	11%	66000.00	666000.00
5	原材料仓库	1	600000.00	600000.00	11%	66000.00	666000.00
6	卡车 A	1	120000.00	120000.00	17%	20400.00	140400.00
7	卡车 B	1	150000.00	150000.00	17%	25500.00	175500.00
8	合计			2838000.0		345660.00	3183660.00

2. 开业需要招聘的人员与费用

物流公司开业时需要招聘的人员和费用情况见表 2-22。

表 2-22 物流公司开业需招聘的人员和费用

序号	岗位名称	招聘人数	招聘费用/（元/每人）	总价/元	税率	税额/元
1	仓管员	1	600.00	600.00	6%	36.00
2	仓储主管	1	600.00	600.00	6%	36.00
3	会计员	1	600.00	600.00	6%	36.00
4	人事专员	1	600.00	600.00	6%	36.00
5	调度员	1	600.00	600.00	6%	36.00
6	合计	5		3000.00		180.00

二、运输规则

1. 卡车的载重规则

卡车载重的规则见表2-23所示。

表2-23　卡车载重规则

车型	载重/千克
卡车A	5000
卡车B	10000

2. 各市场的运输距离

在虚拟商业环境中，各市场之间的运输距离如图2-1所示。

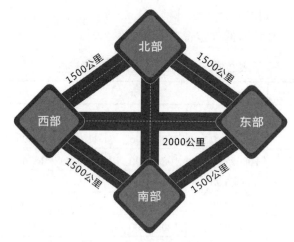

图2-1　各市场的运输距离

3. 各市场运输天数规则

各市场的原材料和产品的运输天数见表2-24。

表2-24　各市场的运输天数

目的地　　始发地	东部	西部	南部	北部
东部	2天	5天	4天	4天
西部	5天	2天	4天	4天
南部	4天	4天	2天	5天
北部	4天	4天	5天	2天

注：运输天数包括了装卸货和在途运输的合计天数。

4. 配置发运规则说明

（1）每个月只能执行一次运输计划，且只能月初执行，每条线路的运输订单量不能大于运输能力。

（2）当前市场油价为 6.5 元/升。

（3）卡车 A 过路费为 1 元/公里，油耗为 0.15 升/公里；卡车 B 过路费为 1.8 元/公里，油耗为 0.2 升/公里。

（4）燃油费=油价市场价×油耗×行程里程。

（5）原材料和成品配载时，均只考虑是否超出车辆载重量限制，为了提升车辆利用率，原材料和成品均可以混装。

（6）成品和原材料的单位重量见表 2-9。

三、市场开拓规则

物流公司只能在本部或已经开拓的市场揽收物流运输订单，开拓市场的基本条件是在该市场有仓库、仓储主管和仓管员。物流公司市场开拓规则见表 2-25。

表 2-25 物流公司市场开拓规则

市场	地点	开拓周期	开拓条件
西部	重庆	公司本部，默认开拓	—
东部	上海	未开拓	在该区域最少应有仓库 1 个、仓储主管 1 名、仓管员 1 名，方可开拓
南部	广州	未开拓	
北部	北京	未开拓	

注：因为运输到货是直接运输到需求方，所以未开拓的市场可以作为运输的到达点，但不能作为起运点。

模块三　制造公司运营

【知识目标】

- 了解制造公司的部门设置及主要岗位职责
- 掌握制造公司生产、采购、销售及仓储管理的流程

【能力目标】

- 能根据制造公司的经营流程开展经营活动

【思政目标】

- 培养学生爱岗敬业的情操
- 树立标准化和安全生产意识
- 诚信经营

在虚拟商业环境综合实训平台中，制造公司负责人登录制造公司首页，如图 3-1 所示。该页面左上角为操作人员的姓名、部门和职位，正中上方为虚拟时间，右上角为公共按钮栏和"退出"按钮，右下角为操作按钮，蓝色按钮表示本岗位具有该按钮的操作权限，灰色按钮表示本岗位没有该按钮的操作权限。

图 3-1　制造公司首页

在图 3-1 中，把光标指向右下角可操作的按钮，可以查阅每个按钮的功能，单击任意的可操作按钮跳转到工作界面，如图 3-2 所示。

图 3-2 制造公司工作界面

在虚拟商业环境综合实训平台中，制造公司各部门的功能模块和职责说明见表 3-1。

表 3-1 制造公司各部门的功能模块和职责说明

部门	操作角色	功能模块		职责说明
		一级菜单	二级菜单	
人力资源部	人力资源经理	人事管理	档案管理	查看企业员工档案
			薪资社保	结算员工薪资、缴纳社保
			人员招聘	进行人员招聘，制造公司可招聘的人员有初级工人（生产）
			人员培训	组织工人培训、提升等级
			在产培训	审核在产培训
			人员外包	提交人力资源外包申请
财务部	财务经理	财务管理	应收款管理	查看企业应收款记录
			应付款管理	查看企业应付款记录，含审核付款（实训配置为审核付款模式时）
			发票管理	查看企业交易生成的发票
			银行贷款	办理企业贷款业务
			工资发放	审核发放员工工资
			营业费用	结算企业营业费用
			纳税申报	进行企业纳税申报
			资产管理	查看企业资产状况及资产折旧
			财务报表	填写资产负债表、利润表、成本核算表
	出纳	财务管理		职责说明参考财务经理

续表

部门	操作角色	功能模块		职责说明
		一级菜单	二级菜单	
销售部	销售经理	成品交易会	参加交易会	企业参加交易会
			订单签约登记	企业进行成品订单签约登记（目前为交易服务中心签约）
		销售管理	销售订单	接收商贸企业订单，查看合同情况
			订单交付	销售订单交付
			政府采购投标	参加政府采购投标
			政府采购订单	政府采购订单中标交付
采购部	采购经理	原材料交易会	参加交易会	企业参加原材料交易会
			订单签约情况	与供应商进行原材料采购交易
		采购管理	采购订单	发布原材料订单并查看合同情况
			采购到货	原材料采购到货入库操作
			固定资产采购	提交固定资产采购及查看合同
			政府拍卖竞拍	参加政府拍卖竞拍
			政府拍卖订单	交付成交的政府拍卖订单
仓储部	仓储经理	仓储管理	库存出库	查看库存出库情况，包括原材料成品
			库存入库	查看库存入库情况，包括原材料成品
			库存台账	查看库存情况并生成台账
生产部	生产经理	生产管理	产品档案	查看企业已研发的产品档案
			产品研发	研发企业新产品
			生产计划	制作生产计划
			需求计划	根据订单与生产计划计算物料需求计划及人员/设备需求计划
			需求列表	根据订单及需求计划列出需求列表并提供解决方案
			生产排程	制作生产排程
			领料生产	进行生产活动
			生产完工	完工入库
	生产主管	生产管理		职责说明参考生产经理
其他	总经理	全部		总经理可操作所有模块功能

人事管理与财务管理业务请参考模块十二和模块十三。

项目一　生 产 管 理

制造公司生产管理

一、产品研发

1. 工作描述

如果需要获得某种产品的订单，模拟企业需要先研发出该种产品。在系统平台中需在一定的研发周期里投入对应的研发资金。

2. 工作指引

执行工作界面"生产管理"下拉菜单中的"产品研发"命令，可在"产品研发"界面中新增需要研发的产品，如图 3-3 所示。单击"研发"按钮，打开"新产品研发"界面后，选择所需研发产品，填写研发周期、费用等，单击"开始研发"按钮，如图 3-4 所示。

图 3-3　"产品研发"界面

图 3-4　"新产品研发"界面

新产品需要一定的研发周期来完成研发。研发完成后，在行政服务中心工商局的资质认证模块进行资质认证，完成整个研发流程。

　　3．知识链接

　　在此系统平台中，产品研发只能由低到高的顺序进行，如只能先研发舒适型童车再研发豪华型童车，研发周期统一为一个月，研发费用按照由低到高的顺序排序。

二、生产计划

　　1．工作描述

　　生产计划是关于企业生产运作系统总体方面的计划，是企业在计划期应达到的产品品种、质量、产量和产值等生产任务的计划，是指导企业计划期生产活动的纲领性方案。

　　2．工作指引

　　执行工作界面"生产管理"下拉菜单中的"生产计划"命令，如图 3-5 所示。可单击"新增"按钮制订新的生产计划，如图 3-6 所示。

图 3-5　"生产计划"界面

图 3-6　制订新的生产计划

　　可以做一个月的生产计划，也可以新增数行做未来几个月的生产计划。"计划标题"文本框中要写明是哪个月的生产计划。在月初做生产计划，计划截止时间应在当月末（也就是月末产品完工）。

　　3．知识链接

　　制订生产计划时，要注意几点：第一，保证交货日期与生产量；第二，作为原材料采购的基准依据；第三，对长期的增产计划，要做好人员与机器设备需求计划。

三、需求计划

1. 工作描述

依据主生产计划、物料清单、库存记录和已订未交定单等资料，经计算而得到各种相关需求物料的需求状况，同时提出各种新订单补充的建议。

2. 工作指引

执行工作界面"生产管理"下拉菜单中的"需求计划"命令，可根据之前的生产计划新增需求计划，如图3-7所示。

编号	计划标题	计划时间（虚拟）↕	计划截止时间（虚拟）↕	计划员	创建时间 ↕	操作
61	四月份的生产计划	2020-03-28	2020-04-28	学生6hh	2018-03-14 18:27:16	☰ 需求计划
53	生产计划2019-12-02	2019-12-02	2019-12-02	学生6	2018-02-02 11:28:06	☰ 需求计划
49	生产计划2019-07-02	2019-07-02	2019-07-02	学生6	2018-01-30 16:36:12	☰ 需求计划
43	生产计划2019-01-02	2019-01-02	2019-03-28	学生6	2018-01-26 15:46:07	☰ 需求计划

图3-7 "需求计划"界面

系统根据订单数量列出"物料需求计划"以及"人员/设备需求计划"，如图3-8和图3-9所示。

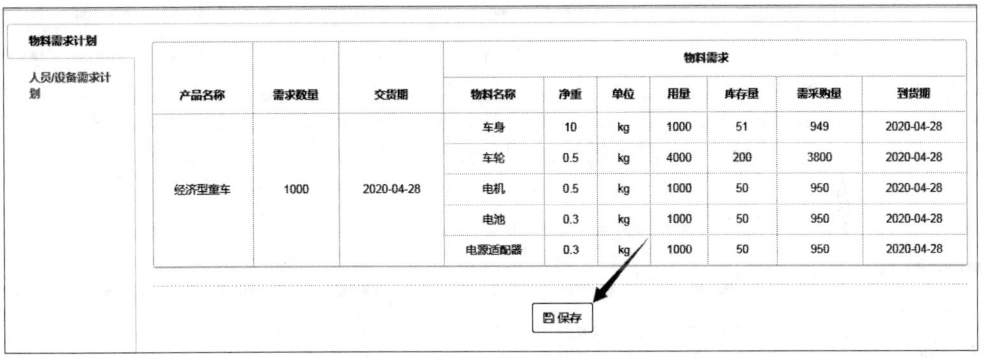

产品名称	需求数量	交货期	物料名称	净重	单位	用量	库存量	需采购量	到货期
经济型童车	1000	2020-04-28	车身	10	kg	1000	51	949	2020-04-28
			车轮	0.5	kg	4000	200	3800	2020-04-28
			电机	0.5	kg	1000	50	950	2020-04-28
			电池	0.3	kg	1000	50	950	2020-04-28
			电源适配器	0.3	kg	1000	50	950	2020-04-28

🖫 保存

图3-8 物料需求计划

ℹ 说明：填写工人数量来自动 计算设备数量和产品。

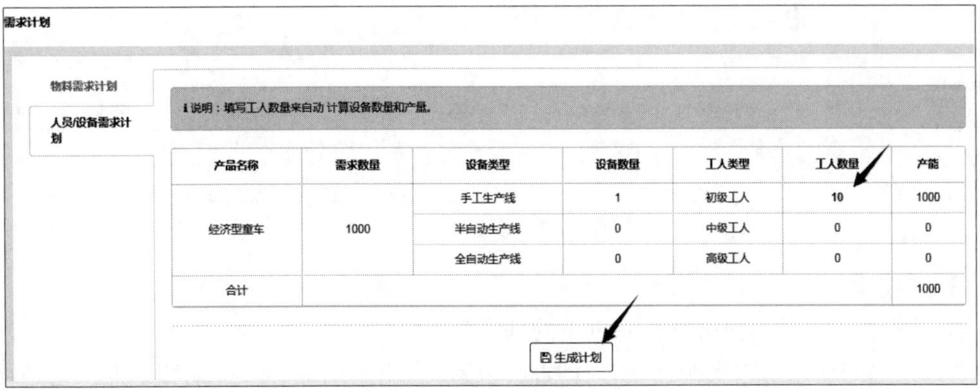

产品名称	需求数量	设备类型	设备数量	工人类型	工人数量	产能
经济型童车	1000	手工生产线	1	初级工人	10	1000
		半自动生产线	0	中级工人	0	0
		全自动生产线	0	高级工人	0	0
合计						1000

🖫 生成计划

图3-9 人员/设备需求计划

在"人员/设备需求计划"界面可对人员进行编辑操作。高级工人可以在任意生产线工作，中级工人可以在手工和半自动生产线工作，初级工人只能在手工生产线工作。

如果在做需求计划时，未能满足生产计划的需要，则在"需求列表"界面（图 3-10）中对需求缺口进行数量补充，可继续采购原材料或招聘人员，如图 3-11 至图 3-13 所示。

图 3-10　"需求列表"界面

图 3-11　物料需求计划

图 3-12　人员需求计划

图 3-13　设备需求计划

3．知识链接

制订物料需求计划前必须具备以下的基本数据：

（1）生产计划：它指明在某一计划时间段内应生产出的各种产品和备件，它是物料需求计划制订的一个最重要的数据来源。

（2）物料清单：它指明了物料之间的结构关系，以及每种物料需求的数量，它是物料需求计划系统中最基础的数据。

（3）库存记录：它反映出每个物料品目的现有库存量和计划接受量的实际状态。

（4）提前期：它决定着每种物料何时开工、何时完工。

应该说，这四项数据都是至关重要、缺一不可的。缺少其中任何一项或任何一项中的数据不完整，物料需求计划的制订都将是不准确的。因此，在制订物料需求计划之前，这四项数据都必须先完整地建立好，而且保证是绝对可靠的、可执行的数据。

四、生产排程

1. 工作描述

生产排程是指将生产任务分配至生产资源的过程。具体来说，生产排程是在考虑能力和设备的前提下，在物料数量一定的情况下，安排各生产任务的生产顺序，优化生产顺序，优化选择生产设备，减少等待时间，平衡各机器和工人的生产负荷，从而优化产能，提高生产效率，缩短生产周期。

2. 工作指引

执行工作界面"生产管理"下拉菜单中的"生产排程"命令，打开"生产排程"界面，如图3-14所示。

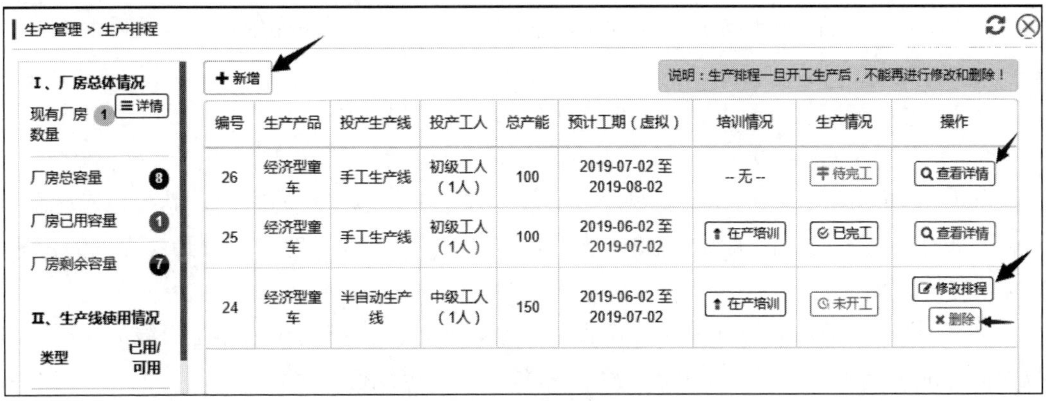

图3-14　"生产排程"界面

在该界面左边，可以看到厂房总体情况、生产线使用情况和工人使用情况。在界面正中，可以单击"新增"按钮新建生产排程，如图3-15所示。

新增生产排程信息的时候，当库存不足时系统会提示"X库存不足"。

需要注意的是，在领料生产前，可修改生产排程。但是，生产排程一旦开工生产后，不能再进行修改和删除。

在生产排程中，需要选择的是生产线、产品、投产工人等。可根据情况选择是否在产培训，如果选择在产培训，则可在生产中对工人进行培训。在产培训需要经人力资源部审核同意后，收取一定量培训费方可进行，并通知人事部安排培训工作。

图 3-15　"新建生产排程"界面

3. 知识链接

生产排程的依据和原则：

（1）生产产品供不应求时：以调查产品瓶颈限制产能工序为依据，以边际利润高为导向排产。

（2）生产产品供过于求时：以成本优先为原则，以市场及客户满意度为导向排产。

（3）交货期先后：交期越短，交货时间越紧急的产品，越应安排先生产。

（4）客户分类：客户有重点客户、一般客户之分，越重点的客户，其排程应越受到重视。如有的公司根据销售额按 ABC 法对客户进行分类，A 类客户应受到最优先的待遇，B 类次之、C 类最后。

（5）产能平衡：各生产线生产应保持顺畅，半成品生产线与成品生产线的生产速度应相同。应考虑机器负荷，不能产生生产瓶颈，出现停线待料事件。

（6）工艺流程原：工序越多的产品，制造时间越长，应予以重点关注。

五、领料生产

1. 工作描述

当制造公司接到商贸公司的订单后，在原材料、生产线、工人等条件满足后，可在"领料生产"模块进行产品的生产。

2. 工作指引

执行工作界面"生产管理"下拉菜单中的"领料生产"命令，进入"领料生产"界面。根据生产排程，单击"组织生产"按钮进行产品生产，如图 3-16 和图 3-17 所示。

图 3-16 "领料生产"界面

序号	原材料名称	需求数量	库存数量	当前状态
1	车身	100	101	✔库存足够
2	车轮	400	400	✔库存足够
3	电机	100	100	✔库存足够
4	电池	100	100	✔库存足够
5	电源适配器	100	100	✔库存足够

图 3-17 "领料生产详情"界面

开始生产后，可单击"查看详情"按钮查看生产的详细内容以及成品成本。

3. 知识链接

领料时需要线下填写"领料单"。"领料单"的内容有领用部门、领用日期、材料名称、单位、数量等。为明确材料领用的责任，"领料单"除了要有领用人的签名外，还需要主管人员、管理员等的签名。

六、完工入库

1. 工作描述

产品生产完成后，将产品入库。

2. 工作指引

执行工作界面"生产管理"下拉菜单中的"生产完工"命令，打开"生产完工"界面。

假设某产品的生产周期为一个月，当生产满足一个生产周期后，需进行完工入库操作，具体操作如图 3-18 和图 3-19 所示。

图 3-18　"生产完工"界面

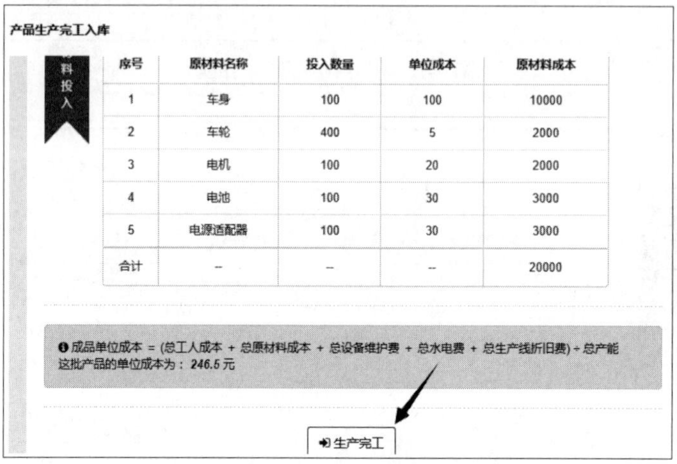

序号	原材料名称	投入数量	单位成本	原材料成本
1	车身	100	100	10000
2	车轮	400	5	2000
3	电机	100	20	2000
4	电池	100	30	3000
5	电源适配器	100	30	3000
合计	—	—	—	20000

❶ 成品单位成本 =（总工人成本 + 总原材料成本 + 总设备维护费 + 总水电费 + 总生产线折旧费）÷ 总产能
这批产品的单位成本为：246.5 元

图 3-19　"产品生产完工入库"界面

注意：生产成品的原材料需根据产能购买对应生产线产能。

（1）手工生产线：每个工人每月的产能为 100 辆车，生产线最大产能为 1000。

（2）半自动生产线：每个工人每月的产能为 150 辆车，生产线最大产能为 1500。

（3）全自动生产线：每个工人每月的产能为 200 辆车，生产线最大产能为 2000。

3. 知识链接

完工产品是指在一个企业内已完成全部生产过程，按规定标准检验合格，可供销售的产品，也称为产成品或成品。产品在生产过程中，不同阶段的称谓不同，分别为：待产品、在产品、半成品、产成品（完工产品）。

产品完工后，应线下填写"完工单"。

制造公司采购管理

项目二　采 购 管 理

一、参加交易会与订单签约

1. 工作描述

制造公司通过参加交易服务中心发起的原材料交易会，与供应商谈判，签订购销合同，从而获得生产产品所需要的原材料和设备。

2．工作指引

（1）参加交易会。执行工作界面"原材料交易会"下拉菜单中的"参加交易会"命令，在打开的"参加交易会"界面中单击当前季度的交易会标题，单击"参加交易会"按钮即可参加。参加成功后按钮变为"已参加"，如图3-20所示。

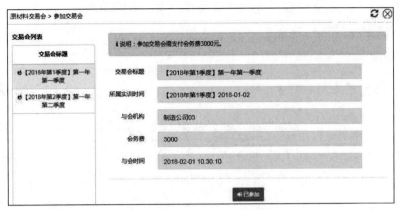

图3-20　"参加交易会"界面

（2）订单签约情况。执行"原材料交易会"下拉菜单中的"订单签约情况"命令，在打开的"订单签约情况"界面中单击交易会标题可进行交易会选择。单击"接单"按钮进行接单，接单完成后"订单状态"变为"已发单"，如图3-21所示。签约登记只有记录功能，不影响订单流程。

图3-21　订单签约情况

3．知识链接

制造公司在参加原材料交易会前，应核算原材料的成本，以便与供应商议价。

《企业会计制度》规定，购进材料的采购成本由下列各项组成：

（1）买价：不包括增值税额。

（2）运杂费：包括运输费、装卸费、保险费、包装费、仓储费。

（3）运输途中的合理损耗。

（4）购入材料负担的税金和进口货物的关税。

二、原材料采购

1．工作描述

制造公司与供应商签订采购订单后，制造公司应向供应商发布采购订单，新增采购订单，填写采购原材料和订单信息。原材料到货后，进行采购到货操作。

2．工作指引

（1）采购订单。执行工作界面"采购管理"下拉菜单中的"采购订单"命令。在打开的"采购订单"界面中可根据当前所处交易会季度，单击"新增"按钮新增采购订单，如图 3-22 所示。填写订单信息，完成后单击"确定"按钮。另外，可单击"产品名称"查看采购合同信息。

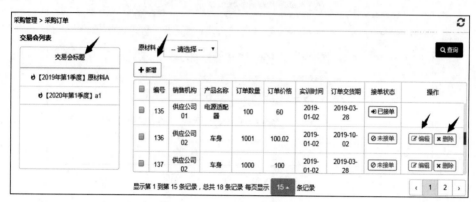

图 3-22　"采购订单"界面

根据采购订单的接单状态，可对采购订单进行操作，如接单状态为"未接单"，则可在订单右侧的操作栏中单击"编辑"或"删除"按钮，对订单进行修改和删除操作。

（2）采购到货。采购订单到货后，需进行采购到货及到货入库操作。

执行"采购管理"下拉菜单中的"采购到货"命令，在打开的"采购到货"界面中单击"确认到货"按钮即可确认到货，如图 3-23 所示。

	编号	销售机构	产品名称	订单数量	订单价格	实训时间	订单交货期	状态	操作
	130	供应公司01	车身	1	100	2019-01-02	2019-03-28	已发运待收货	✔确认到货
	138	供应公司02	车身	150	100	2019-01-02	2019-03-28	✔已收货	

实训时间：-- 请选择 -- ▼　至　-- 请选择 -- ▼　原材料：-- 请选择 -- ▼　🔍查询

采购管理 > 采购到货

图 3-23　"采购到货"界面

3．知识链接

原材料购进总值的计算方法：以原材料到达本单位并经验收办理完入库手续的数量乘以实际购进价格。

三、固定资产采购与租赁

1．工作描述

制造公司在生产产品时，如果需要扩大生产，则需要从供应商那里买或租赁厂房或机器设备。

2. 工作指引

执行"采购管理"下拉菜单中的"固定资产采购"命令，可以进入"固定资产采购"界面。固定资产采购包括购买、租赁模块，如图 3-24 所示。

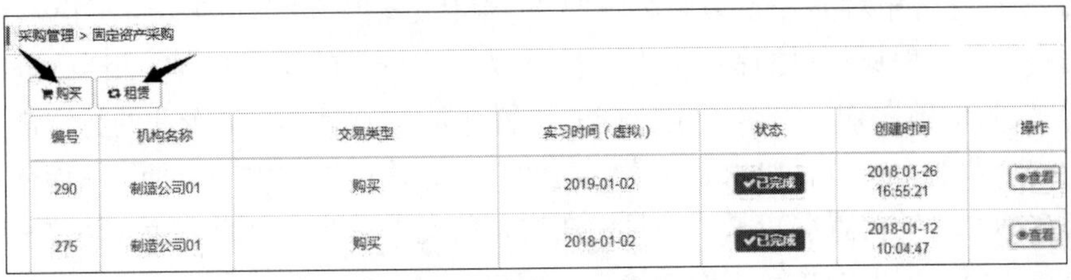

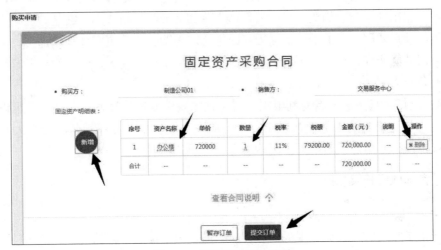

图 3-24 固定资产采购界面

单击"购买"按钮进入"固定资产采购合同"界面，单击"提交订单"按钮提交固定资产购买申请，如图 3-25 所示。

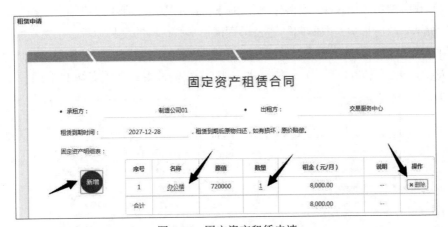

图 3-25 固定资产购买申请

单击"租赁"按钮进入"固定资产租赁合同"界面提交固定资产租赁申请，如图 3-26 所示。

图 3-26 固定资产租赁申请

3. 知识链接

固定资产采购的特点如下：

（1）购置活动的非重复性。对于某种固定资产，企业购置后将在相当长一段时间内不再购置，表现出相对的非重复性。某些易损耗设备及其配件需经常更换，因而其采购工作的特点与一般原材料的特点相似。大多数固定资产的使用时间是相当长的。

（2）较长的前置期。许多固定资产的购置都是为了满足特定企业的特定需要，因而需要按不同企业的不同技术要求来生产。这就必然导致较长的生产周期，从而使从企业发出订货到实际交货的前置期较长。而且，在这种情况下，双方协商、达成协议和合同期内采购者质量监督、催促发货等工作的繁重程度也会增大。

（3）较高的一次性投资。尽管各种固定资产的价格不相同，但相对于一般原材料的采购价格来说都比较高。同时采购用资金的回收是以折旧的形式逐步实现的，因而资金的使用成本也高。更重要的是，设备在使用过程中需要较高的运行费用和维护费用，而这些费用会远远超出其最初的购买价格，人们通常称其为最终使用成本，它是购置固定资产时要考虑的一项重要因素。由于以上原因，固定资产采购的决策更需要使用部门、采购部门和财务部门共同研究、共同分析后选出最优方案。由于投资较大，最后的决策者往往是企业的主要负责人。

（4）选择供货商的范围受到限制。对于技术条件复杂的设备，尤其是专用设备，能够满足用户特定需求的供货商数量相对于一般生产资料的供货商数量将会大大减少。因此，选择范围缩小了，从而增大了采购者在选择供货商时的工作难度。

四、参加政府拍卖竞拍

1. 工作描述

政府拍卖是政府通过交易服务中心，向制造公司拍卖原材料的一个交易途径，其主要目的是解决制造公司生产时原材料不足的问题。制造公司可以参加政府拍卖竞拍，获得合适价格和数量的原材料。

2. 工作指引

（1）政府拍卖竞拍。在"采购管理"的下拉菜单中，执行"政府拍卖竞拍"命令，如图 3-27 所示。政府拍卖是政府向制造公司直接拍卖原材料的交易流程。当交易服务中心发布政府拍卖订单后，制造公司在"政府拍卖竞拍"界面中，选择需要的原材料拍卖订单，进行出价竞拍，出价只能进行一次。中标后，制造公司需按中标金额交纳 1% 的佣金。

	编号	拍卖机构	原料名称	拍卖数量	拍卖底价(单价)	竞拍状态	竞拍单价	成交状态	拍卖状态	实训时间(虚拟)	操作
	22	交易服务中心	车身	1	100.00	✔已竞拍	100.00	✔已成交	✔已结束	2019-07-02	☰详情
	23	交易服务中心	车身	1	101.00	✔已竞拍	101.00	✔已成交	✔已结束	2019-07-02	☰详情
	25	交易服务中心	车身	1	101.00	✔已竞拍	102.00	✖未成交	✔已结束	2019-10-02	☰详情
	28	交易服务中心	车身	1000	80.00	✖未竞拍	—	✖未成交	✖未结束	2020-03-28	⬆竞拍

图 3-27　"政府拍卖竞拍"界面

在此界面中，可根据订单的竞拍状态、成交状态、拍卖状态，对竞拍进行操作。如竞拍状态为“未竞拍”，制造公司可对该订单进行竞拍操作。单击“竞拍”按钮，输入竞拍价格提交竞拍，如图 3-28 所示。

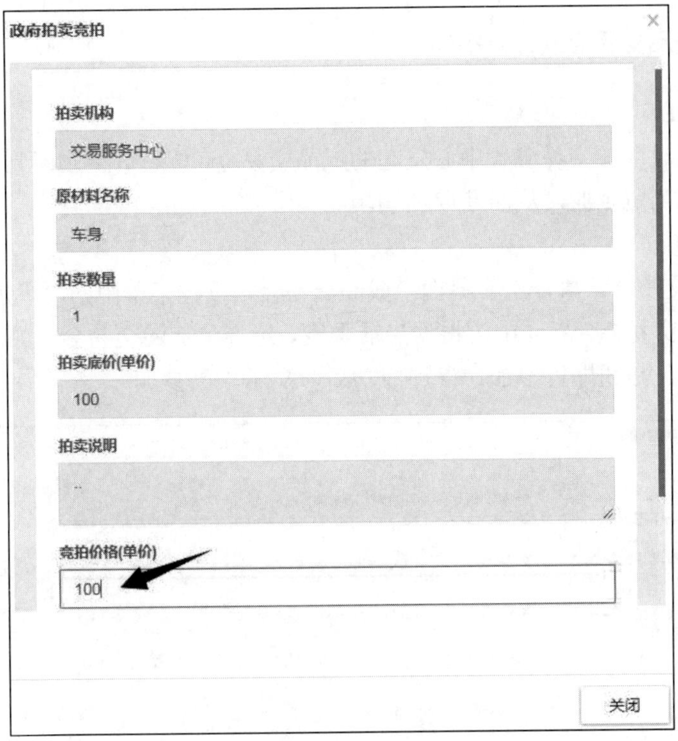

图 3-28　竞拍操作界面

（2）政府拍卖订单。当制造公司在政府拍卖中竞拍成功时，可执行“采购管理”下拉菜单中的“政府拍卖订单”命令，在打开的界面中进行成交、到货确认及到货入库操作，如图 3-29 所示。单击“确认到货”按钮进行确认到货操作，到货后，状态变成“已到货”。

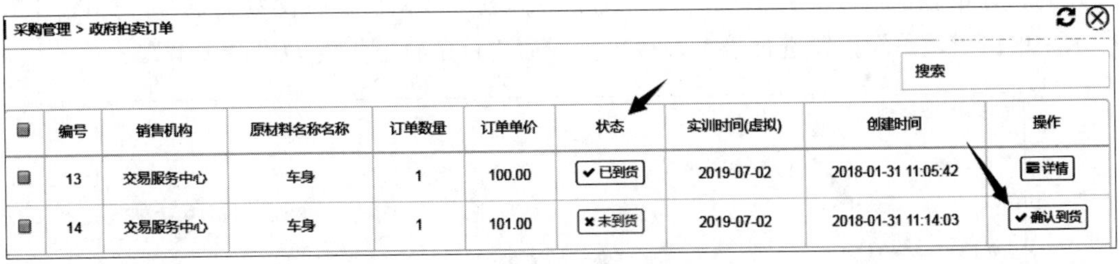
采购管理 > 政府拍卖订单

搜索

	编号	销售机构	原材料名称名称	订单数量	订单单价	状态	实训时间(虚拟)	创建时间	操作
	13	交易服务中心	车身	1	100.00	已到货	2019-07-02	2018-01-31 11:05:42	详情
	14	交易服务中心	车身	1	101.00	未到货	2019-07-02	2018-01-31 11:14:03	确认到货

图 3-29　“政府拍卖订单”界面

3. 知识链接

制造公司参加政府拍卖竞拍之前，应对自身企业的产能、原材料库存、资金状况等进行分析，做好原材料采购计划，对所需的原材料数量和价格做好预算。

制造公司参加政府拍卖竞拍时，原则上是价高者得单。

制造公司销售管理

项目三   销 售 管 理

一、参加成品交易会及订单签约

1．工作描述

制造公司通过参加交易服务中心发起的成品交易会，与商贸企业谈判，签订购销合同，并把成品销售给商贸企业，从而获取利润。

2．工作指引

（1）参加交易会。执行工作界面"成品交易会"下拉菜单中的"参加交易会"命令，在打开的"参加交易会"界面中可根据当前季度，选择参加的交易会，如图3-30所示。单击"参加交易会"按钮即可参加，参加成功后，显示"已参加"。

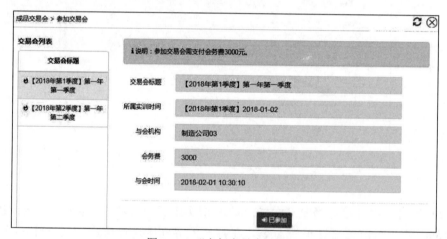

图 3-30   "参加交易会"界面

（2）订单签约情况。执行"成品交易会"下拉菜单中的"订单签约情况"命令，在打开的"订单签约情况"界面中单击"交易会标题"按钮可进行交易会选择，如图 3-31 所示。单击"接单"按钮进行接单，接单完成后"订单状态"变为"已接单"。

图 3-31   订单签约情况界面

在交易会上洽谈后，线下签订商品的购销合同。由商贸公司下达订单，制造公司单击"接单"按钮，合同生效。

（3）接收订单。当商贸公司发布采购订单后，制造公司需在“销售订单”界面中接收订单。

执行“销售管理”下拉菜单中的“销售订单”命令，在打开的“销售订单”界面中单击“接单”按钮，可进行销售订单接单操作，如图 3-32 所示。接单时可按时间或产品筛选查看。

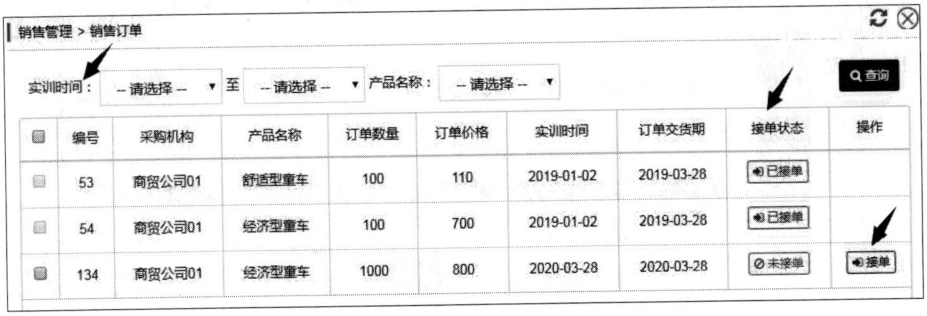

销售管理 > 销售订单

实训时间： -- 请选择 -- 至 -- 请选择 -- 产品名称： -- 请选择 -- 查询

	编号	采购机构	产品名称	订单数量	订单价格	实训时间	订单交货期	接单状态	操作
	53	商贸公司01	舒适型童车	100	110	2019-01-02	2019-03-28	已接单	
	54	商贸公司01	经济型童车	100	700	2019-01-02	2019-03-28	已接单	
	134	商贸公司01	经济型童车	1000	800	2020-03-28	2020-03-28	未接单	接单

图 3-32　“销售订单”界面

3. 知识链接

制造公司在参加产成品交易会前，应估算生产成本，方可与商贸企业议价。

生产成本估算方法：

成品单位成本=(总工人成本+总原材料成本+总设备维护费+总水电费+总生产线折旧费)/总产量

二、交付订单

1. 工作描述

当制造公司与商贸企业所签的订单，在约定时间内生产出足量的产品可以供给商贸企业时，可以进行订单交付。

2. 工作指引

制造公司接受商贸公司的采购订单后，如仓库中有成品库存，且能满足订单需求量，可执行“销售管理”下拉菜单中的“订单交付”命令，在“订单交付”界面中单击“订单交付”按钮，如图 3-33 所示，单击“确认”按钮即可交付订单，如图 3-34 所示。

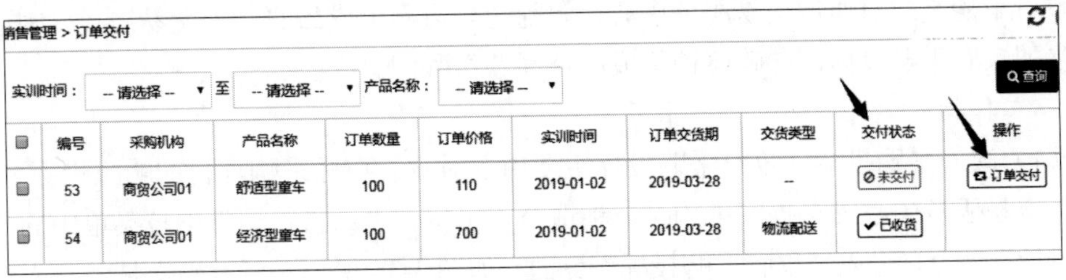

销售管理 > 订单交付

实训时间： -- 请选择 -- 至 -- 请选择 -- 产品名称： -- 请选择 -- 查询

	编号	采购机构	产品名称	订单数量	订单价格	实训时间	订单交货期	交货类型	交付状态	操作
	53	商贸公司01	舒适型童车	100	110	2019-01-02	2019-03-28	--	未交付	订单交付
	54	商贸公司01	经济型童车	100	700	2019-01-02	2019-03-28	物流配送	已收货	

图 3-33　“订单交付”界面

制造公司的订单交付的整个流程：先在“销售管理”中的“订单交付”界面执行订单交付操作；再到“库存管理”中的“库存出库”界面执行出库操作，填写物流订单；然后物流公司揽收并发运货物。

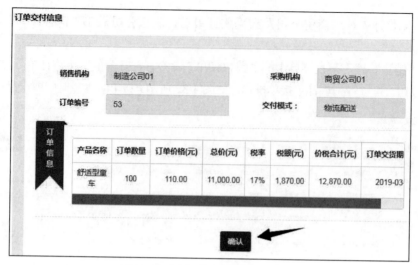

图 3-34 "订单交付信息"界面

3. 知识链接

订单需要及时交付。订单及时交付率是企业满足客户的关键指标，直接影响企业信誉度和订单数量，其计算公式如下：

订单及时交付率=按时交付订单的数量/需要交付订单的数量×100%

一般情况，订单及时交付率在 20%以下的企业内部各部门之间从来没有有效沟通，周转资金存在严重问题；在 20%～50%之间的企业生产部内部有协调沟通，但是与外部没有追踪协调，周转资金存在问题；在 51%～75%之间的企业内部有沟通协调，但是效率较低，没有合理安排优先级；在 75%以上的企业，影响订单及时交付率的条件主要是存在个别一直没有有效解决的问题。

如果订单没有按照约定时间交付，制造公司将支付违约金。违约金当按合同约定给付或由行政服务中心裁定执行。

三、参加政府采购投标

1. 工作描述

政府采购是政府通过交易服务中心，向制造公司购买成品的一个交易途径。制造公司可以参加政府采购投标，向政府销售成品从而获得利润。

2. 工作指引

（1）政府采购投标。政府采购投标主要用于对政府招标采购项目的响应投标。

当交易服务中心发布政府采购时，制造公司可执行"销售管理"下拉菜单中的"政府采购投标"命令，进入"政府采购投标"界面，如图 3-35 所示，可看到交易服务中心代理政府委托的政府采购招标订单，可根据投标状态、中标状态、采购状态对订单进行操作。如果投标状态为"未投标"状态，则制造公司可单击该条投标信息右侧操作栏中的"投标"按钮，系统跳转至投标操作界面，如图 3-36 所示。这时可进行投标信息填写操作，单击"投标"按钮，即可参加政府采购投标。

	编号	采购机构	产品名称	招标数量	招标底价(单价)	交货期(虚拟)	投标状态	投标单价	中标状态	采购状态	实训时间(虚拟)	操作
	34	交易服务中心	经济型童车	1	700.00	2019-03-28	✔已投标	700.00	✔已中标	✔已结束	2019-03-02	☰详情
	35	交易服务中心	经济型童车	2	701.00	2019-03-28	✖未投标	--	✖未中标	✖未结束	2019-03-02	▲投标
	36	交易服务中心	经济型童车	1	700.00	2019-09-28	✔已投标	699.00	✔已中标	✔已结束	2019-07-02	☰详情

销售管理 > 政府采购投标 搜索

图 3-35 "政府采购投标"界面

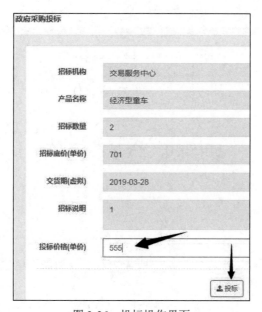

图 3-36 投标操作界面

政府采购时,不同的产品分开采购。在路演得分相同的情况下,政府采购为价低者中标。

(2)政府采购订单。如果制造公司在政府采购中中标,则可执行"销售管理"下拉菜单中的"政府采购订单"命令,在打开的"政府采购订单"界面中单击"订单交付"按钮查看订单,如图 3-37 所示。如成品库存满足订单需求,在"政府采购订单交付"界面单击"订单交付"按钮,如图 3-38 所示,可进行订单交付操作。

销售管理 > 政府采购订单 搜索

	编号	采购机构	产品名称	订单数量	订单单价	交货期(虚拟)	状态	实训时间(虚拟)	创建时间	操作
	21	交易服务中心	经济型童车	1	700.00	2019-03-28	✖未交付	2019-03-02	2018-01-27 10:06:54	⟳订单交付
	22	交易服务中心	经济型童车	1	699.00	2019-09-28	✖未交付	2019-07-02	2018-01-31 11:17:44	⟳订单交付

图 3-37 "政府采购订单"界面

3. 知识链接

制造公司在参加政府采购投标前,应认真分析自身企业的销售订单、产成品库存、产能、产品成本、资金状况等,做好投标计划。

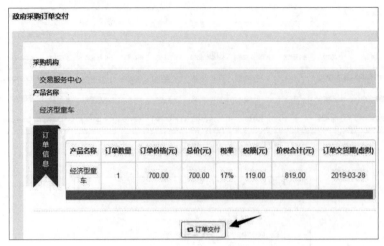

图 3-38　"政府采购订单交付"界面

制造公司仓储管理

项目四　仓 储 管 理

一、库存出库

1．工作描述

库存出库是指根据仓库出库凭证，将所需物资发放到需用单位的各种业务活动。

2．工作指引

在系统平台中，库存出库包括 3 个模块：成品出库、成品出库情况、原材料出库情况。

在首页单击"仓储管理"按钮，在弹出的下拉菜单中执行"库存出库"命令，可在弹出界面的左侧看到"成品出库""成品出库情况""原材料出库情况"等二级菜单。

（1）成品出库。执行"库存出库"界面左侧的"成品出库"命令，可以在该界面执行成品出库操作。同时还可以通过"产品"和"订单时间"查询出库信息，包括采购机构、产品名称、数量、价格、交付状态信息，如图 3-39 所示。其中合同信息可通过单击产品名称查看。

	编号	采购机构	产品名称	订单数量	订单价格	实训时间	订单交货期	交货类型	交付状态	操作
	57	商贸公司01	经济型童车	500	700	2018-01-02	2018-03-28	物流配送	✕ 未填单	
	60	商贸公司01	经济型童车	500	680	2018-01-02	2018-03-28	物流配送	✕ 未填单	

图 3-39　"成品出库"界面

（2）成品出库情况。执行界面左侧的"成品出库情况"命令，可以通过"产品"和"出库时间"查询成品出库情况，包括出库数量、出库单价等，如图 3-40 所示。

图 3-40 "成品出库情况"界面

（3）原材料出库情况。执行界面左侧的"原材料出库情况"命令，可以通过"原材料"和"出库时间"查询原材料出库情况，包括出库数量、出库单价等，如图 3-41 所示。

编号	原材料名称	出库数量	出库单价	出库时间（虚拟）	操作人	操作时间	备注
169	车身	1000	160.00	2018-02-02	xuni0009	2018-02-02 12:08:05	领料生产原材料出库
174	车身	1000	160.00	2018-02-02	xuni0009	2018-02-02 12:08:08	领料生产原材料出库
179	车身	1000	160.00	2018-02-02	xuni0009	2018-02-02 12:08:12	领料生产原材料出库

图 3-41 "原材料出库情况"界面

3. 知识链接

产品出库业务是仓库根据业务部门或存货单位开出的产品出库凭证（提货单、调拨），按其所列产品编号、名称、规格、型号、数量等项目，组织产品出库一系列工作的总称。出库发放的主要任务：所发放的产品必须准确、及时、保质保量地发给收货单位，包装必须完整、牢固、标记正确清楚。

原材料出库是储运业务流程的最后阶段，标志着物资储存阶段的结束和原材料实体转移到生产领域的开始。它是凭据专业公司（货主）开列的原材料出库凭证，通过审单、查账、发货、交接、复合、记账等一系列作业，把储存原材料点交给用户或代运部门的业务过程。

当进行出库业务时，需线下填制"销售出库单"和"材料出库单"。

二、库存入库

1. 工作描述

库存入库管理包括入库单数据处理、条码打印及管理、货物装盘及托盘数据登录注记（录入）、货位分配及入库指令的发出、Double In 的货位重新分配❶、入库成功确认、入库单据打印。

2. 工作指引

在系统平台中库存入库包括 2 个模块：成品入库和原材料入库。

执行工作界面"仓储管理"下拉菜单中的"库存入库"命令，在打开的"库存入库"界面可查询成品、原材料入库信息。在"成品"界面，可根据产品名称、入库时间查询成

---

❶ Double In 的货位重新分配是指在仓库中，将原本只能存放一个产品的货位改为可以存放两个或以上同类产品的货位，并且重新规划货位的位置和编号。这种操作可以有效提高仓库的存储效率和物流运作效率，减少存储空间的浪费和物流成本的增加。

品库存信息，如图 3-42 所示。

图 3-42　"成品"界面

在"原材料"界面，可根据原材料名称、入库时间查询成品库存信息，如图 3-43 所示。

图 3-43　"原材料"界面

3. 知识链接

产品生产完工，经过质量和数量验收后，需线下填制"生产入库单"，由产品检查人员或保管员在"商品入库单"上盖章签收。仓库留存产品入库保管联，并注明产品存放的库房、货位，以便统计、记账。

三、库存台账

1. 工作描述

库存台账反映的是某一会计期间或某一期间时段物料的收发存情况。利用库存台账，可以掌握产品和原材料在一定时间内的期初库存情况、期间入库情况、期间出库情况、期末库存情况，还可以掌握现有成品和原材料的数量和单价等信息。

2. 工作指引

在系统平台中，库存台账包括 2 个模块：成品库存台账和原材料模块库存台账。

执行"仓储管理"下拉菜单中的"库存台账"命令，在打开的"库存台账"界面可以查询成品和原材料的库存台账，如图 3-44 所示。

编号	产品名称	库存数量	成本单价
17	经济型童车	100	380.75

图 3-44　"库存台账"界面

选择"成品"选项卡，可查看成品信息，包括产品名称、库存数量和成本单价。单击"库存台账"按钮后，可选择期初时间、期末时间来生成台账，如图 3-45 所示。

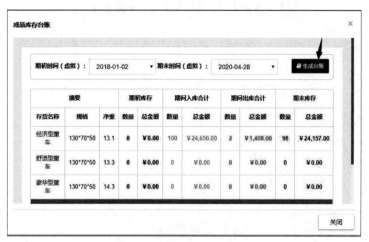

图 3-45 成品库存台账查询

选择"原材料"选项卡，可查看原材料信息，包括原材料名称、库存数量、成本单价。单击"库存台账"按钮后，可选择期初时间、期末时间来生成台账，如图 3-46 所示。

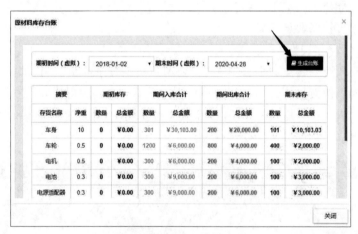

图 3-46 原材料库存台账查询

3. 知识链接

现存量和库存台账数量不一致，有如下几个原因：

（1）现存量未整理。

（2）库存台账的出入库对单据进行了设定，如：审核单据后才对库存账进行处理，可在库存管理中的"设置"选项中查看。

（3）对操作员的权限进行了设定，因此某一操作员录入的单据无法被看到。因此，在库存台账中其无权看到操作员录入的单据。

具体情况可以查明细账与现存量的差异，从多方面核对，如查询库存台账、明细账、出入库汇总表等。

模块四　商贸公司运营

【知识目标】

- 了解商贸公司的部门设置及主要岗位职责
- 了解如何进行市场调研及获取订单
- 掌握产品采购及交付的流程和注意事项

【能力目标】

- 能根据商贸公司的经营流程开展经营活动

【思政目标】

- 培养学生的重合同、守信用的诚信品格
- 做到公平公正
- 树立时间管理意识

在虚拟商业环境综合实训平台中，商贸公司负责人登录商贸公司首页，如图 4-1 所示。该页面左上角为操作人员的姓名、部门和职位，正中上方为虚拟时间，右上角为公共按钮栏和"退出"按钮，右下角为操作按钮，蓝色按钮表示本岗位具有该按钮的操作权限，灰色按钮表示本岗位没有该按钮的操作权限。

图 4-1　商贸公司首页

在商贸公司首页把光标指向可操作的按钮，可以查阅每个按钮的功能，单击任意按钮跳转到工作界面，如图4-2所示。

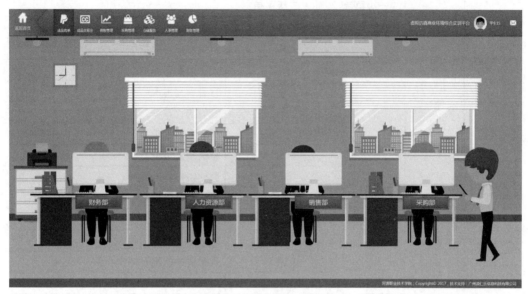

图4-2　商贸公司工作界面

在虚拟商业环境综合实训平台中，商贸公司各部门的功能模块和职责说明见表4-1。

表4-1　商贸公司各部门的功能模块和职责说明

部门	角色	功能模块		职责说明
		一级菜单	二级菜单	
销售部门	销售主管	成品竞单	市场调研	发布市场调研
			竞单方案	制作竞单方案
			成品订单	查看成品订单获得情况
		成品交易会	参加成品交易会	参加成品交易会
			签约登记情况	查看签约登记情况
		销售管理	市场开拓	开拓市场
			销售订单	接收、查看订单销售情况
			订单交付	交付订单
采购部门	采购主管	采购管理	采购订单	发布、查看采购订单
			采购到货	完成采购订单入库操作
			固定资产采购	查看固定资产采购
人事部门	人事主管	人事管理	档案管理	查看企业员工档案
			薪资社保	结算薪资、缴纳社保（需计算填写数据，可购买数据）
			人员招聘	招聘人员

续表

部门	角色	功能模块		职责说明
		一级菜单	二级菜单	
仓储部门	仓储主管	仓储服务	仓库租赁	查看原材料仓库租赁
			库存入库	查看库存入库情况
			库存出库	查看库存出库情况
			库存台账	查看库存情况
财务部门	财务主管	财务管理	应收款管理	查询应收款项
			应付款管理	查询应付款项
			发票管理	查询发票情况
			银行贷款	办理银行贷款业务
			工资发放	审核发放工资
			营业费用	结算营业费用
			纳税申报	进行企业纳税申报
			资产管理	查看资产状况及资产折旧
			财务报表	填写资产负债表、利润表及成本核算表

人事管理与财务管理业务请参考模块十二的模块十三。

项目一　市场调研与订单获取

商贸公司市场调研与订单获取

商贸公司首先要了解市场行情，根据市场行情制订竞单方案并提交至交易中心，获取相应订单。

一、市场调研

1. 工作描述

商贸公司根据每年当前季度进行市场调研，可获得某种成品在某个价格某个市场的需求量情况。市场调研为可选项，获得需求数据为竞单方案参考数据。市场调研可进行多次，每次调研费用为 2000 元。

2. 工作指引

（1）执行工作界面"成品竞单"下拉菜单中"市场调研"命令，进入"调研"界面，如图 4-3 所示。

图 4-3　"调研"界面

（2）单击左上角的"调研"按钮，进入"市场调研"界面，如图4-4所示。

图4-4　"市场调研"界面

（3）单击左侧"新增"按钮后，输入需要调研的产品、市场、价格、广告费，单击"调研"按钮执行调研操作，如图4-5所示。

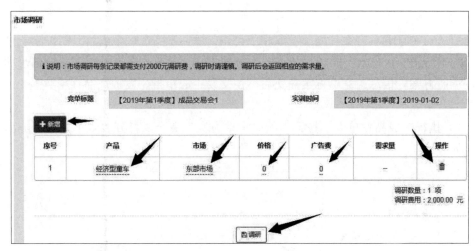

图4-5　执行调研

（4）调研成功后会显示需求量，如图4-6所示。

图4-6　显示需求量

3. 知识链接

（1）市场调研定义。市场调研是指个人或组织为某一个特定的营销决策问题而收集、记录、整理、分析、研究市场的各种状况及其影响因素，并由此得出结论的系统活动过程。

（2）市场调研作用。

1）通过了解分析提供市场信息，可以避免企业在制定营销策略时发生错误，或可以帮助营销决策者了解当前营销策略以及营销活动的得失，以给出适当建议。

2）提供正确的市场信息，可以了解市场可能的变化趋势以及消费者潜在购买动机和需求，有助于营销者识别最有利可图的市场机会，为企业提供发展新契机。

3）有助于了解当前相关行业的发展状况和技术经验，为改进企业的经营活动提供信息。

4）通过市场调研所获得的资料，除了可了解目前市场的情况之外，还可以对市场变化趋势进行预测，从而可以提前对企业的应变作出计划和安排，充分地利用市场的变化，从中谋求企业的利益。

二、制订竞单方案

1. 工作描述

商贸公司制订竞单方案是为了获取相应订单，每种产品在每个市场只能提交一个竞单方案，竞单方案中可包含不同产品和不同市场的方案。竞单方案支持手动新增信息和读取"市场调研方案"信息。竞单方案提交后，由交易中心审批，发放产品订单数量。

2. 工作指引

（1）执行"成品竞单"下拉菜中的"竞单方案"命令，打开"竞单方案"界面，如图4-7所示。

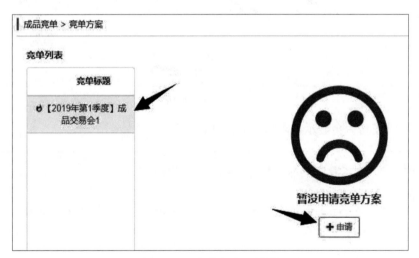

图4-7   "竞单方案"界面

（2）选择所需的竞单，单击"申请"按钮，进入竞单方案申请界面，如图4-8所示。

（3）单击"市场调研方案"中的"操作"栏下方按钮，可直接将右侧的市场调研数据添加至方案中。添加完成后可以在左侧的申请方案下方看到相关信息，如图4-9所示。也可单击界面左上方的"+"按钮，直接添加竞单方案，添加完成后单击"提交"按钮，如图4-10所示。

图 4-8　竞单方案申请界面

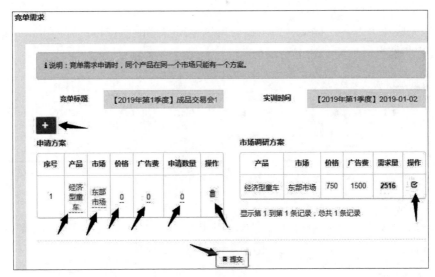

图 4-9　查看相关信息

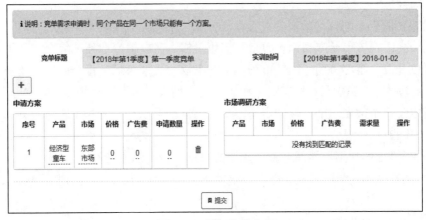

图 4-10　增加竞单方案

（4）在申请方案中更改产品的价格、广告费、申请数量后单击"提交"按钮，如图 4-11 所示。

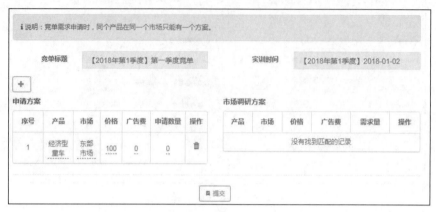

图 4-11　修改竞单方案

（5）完成竞单方案，提交后在审核前可以单击"修改"按钮进行修改，审核后就不能再修改相关信息，如图 4-12 所示。

	编号	标题	实训时间	申请状态	审核状态	操作
☐	174	【2018年第1季度】订单	【2018年第1季度】2018-01-02	已提交	未处理	修改

图 4-12　完成竞单方案

3．知识链接

需求量的多少和产品价格、广告投入费用相关。广告投入高，价格定价偏低，需求量就增加；相反广告投入低，价格定价偏高，需求量就会减少。

三、市场开拓

1．工作描述

如果要获取更多的订单就需要进行市场开拓，根据竞争策略，不同的商贸公司开发的市场不同，会影响该市场产品销售数量和销售价格。在虚拟商业环境综合实训平台中有四个市场可以开发：东部市场、西部市场、南部市场和北部市场。每个市场需要配备相应的办公室、销售主管、销售员，只有资产和人员配置剩余数量满足开拓要求，才可开拓市场。本项目设定公司本部在东部市场的上海，所以该区域默认已经开拓不需进行开拓。

2．工作指引

（1）在"市场开拓"界面选择未开拓的市场，按提示进行开拓。

（2）当资产和人员配置剩余数量不足时需要先完成购买，才可开拓市场，如图 4-13 所示。

（3）当剩余数量满足开拓要求时，单击"确定"按钮开拓市场，如图 4-14 所示。

图 4-13　资产和人员配置

图 4-14　开拓市场

（4）开拓后可以看到市场已经开发，如图 4-15 所示。

图 4-15　查看已经开发的市场

3. 知识链接

（1）市场开拓策略：在微观市场营销学中，商品生产者为提高本企业商品的市场占有率而采用的打开市场的手段和方法。

（2）市场开拓策略的内容：

1）企业如何选定目标市场。

2）企业如何选定为目标市场服务的方向。

3）企业产品何时、何地、采取何种方式投放市场。

4）企业产品在市场上保持何种优势。

5）企业采取何种促销手段。

6）企业产品的质量控制在什么程度。

7）企业开展多少售后服务等。

也就是说，在市场营销工作中，除了市场调查、预测，以及企业内部生产管理活动外，都可看作市场开拓的内容。

商贸公司产品采购与交付

项目二　产品采购与交付

一、参加产品交易会

1. 工作描述

商贸公司需要向制造公司购买成品再销售给交易中心，所以商贸公司、制造公司、交易中心三方都要参加产品交易会。在交易会上商贸公司和制造公司进行协商谈判成交产品的数量、价格、运输方式和交货时间等相关事项。

2. 工作指引

（1）执行"成品交易会"下拉菜单中的"参加交易会"命令提交参加申请，如图 4-16 所示。商贸公司每个季度都要参加成品交易会。

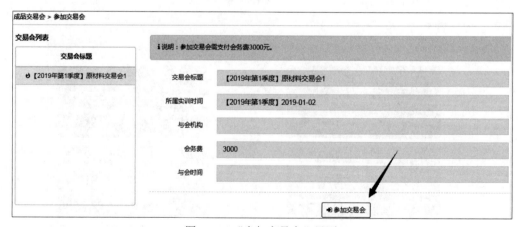

图 4-16　"参加交易会"界面

（2）到交易中心进行签约登记后，可单击交易会标题，查看签约登记列表信息，如图 4-17 所示。

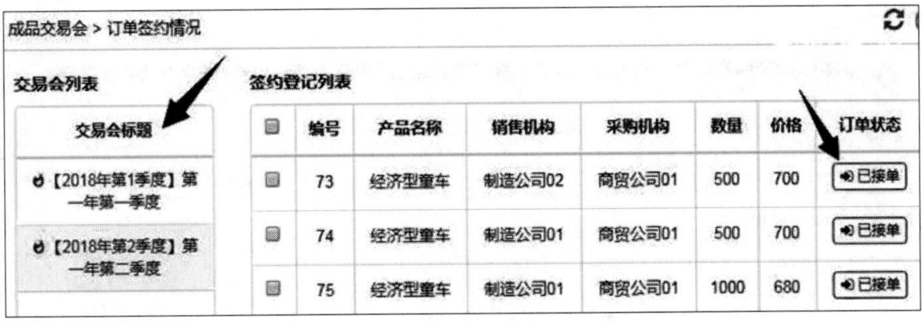

图 4-17　查看签约登记

3. 知识链接

在虚拟商业环境综合实训平台中，交易会的供货方和采购方为了达成交易，进而组织双方进行洽谈。双方在交易会中可以就采购价格、采购数量等问题进行洽谈，力求达成一致并签订合同。

二、签订与发布采购订单

1. 工作描述

"采购订单"是商贸公司与制造公司进行成品交易的模块，商贸公司可根据本公司的运营情况，向制造公司采购成品，采购的数量、价格为交易双方线下谈判的数量、价格。线下谈判完成后，商贸公司在"采购订单"模块新增采购订单，并向制造公司发送采购订单。

2. 工作指引

（1）执行工作界面"采购管理"下拉菜单中的"采购订单"命令，进入"采购订单"界面，如图 4-18 所示。

图 4-18　"采购订单"界面

（2）单击"新增"按钮，进入"成品采购订单合同"界面，更改订单数量、订单价格，按照双方协商好的价格和数量填写，最后单击"确定"按钮，如图4-19所示。

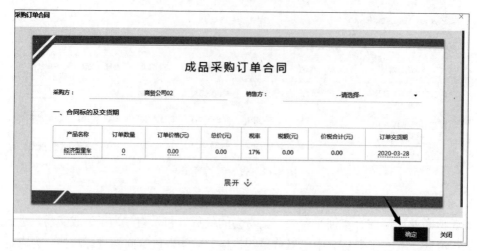

图4-19　成品采购订单合同签订

（3）确认后，订单发送到制造公司等待对方接单，如图4-20最后一行所示为未接单状态。

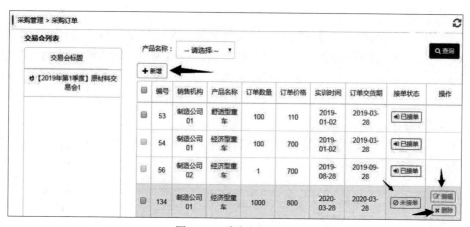

图4-20　采购合同确认

3. 知识链接

商贸公司在进行签订合同前，要和制造公司协商好采购数量和采购价格，注意合同签订的相关事宜，以及双方应该承担的责任和义务。

三、采购订单入库

1. 工作描述

制造公司生产完产品进行交付时，商贸公司要进行产品登记入库，以备后续销售。

2. 工作指引

（1）每个季度结束后可以在"采购管理"下拉菜单中执行"采购到货"命令，查看采购到货情况，如图 4-21 所示。

编号	销售机构	产品名称	订单数量	订单价格	实训时间	订单交货期	状态	操作
54	制造公司01	经济型童车	100	700	2019-01-02	2019-03-28	✔已收货	
56	制造公司02	经济型童车	1	700	2019-08-28	2019-09-28	🔒待发货	

图 4-21 "采购到货"界面

（2）在产品入库前要进行仓库租赁。执行工作界面"仓储服务"下拉菜单中的"库存入库"命令，在打开的界面查看产品入库情况，如图 4-22 所示。

编号	仓库名称	仓库类型	出租机构	申请时间（虚拟）	租赁到期时间（虚拟）	创建时间	操作
31	AAAA	成品仓	物流公司01	2019-01-02	2027-12-28	2018-01-26 15:30:31	查看

图 4-22 "库存入库"界面

3. 知识链接

企业对采购到货的产品要进行入库处理，入库后要对产品进行盘点，确保产品实际数量与仓库账目的数量保持一致，防止货物丢失。

四、产品交付

1. 工作描述

商贸公司要将成品交付给交易中心，从而完成订单。在向交易中心交付成品时可以让制造公司将产品直接发往相应的市场区域。

2. 工作指引

（1）执行工作界面"销售管理"下拉菜单中的"订单交付"命令，进入"订单交付"界面，如图 4-23 所示。

图 4-23 "订单交付"界面

（2）单击"订单交付"按钮，在"订单交付信息"界面中并单击"确认销售"按钮进行交付，如图 4-24 所示。当库存不足时候，将无法进行订单交付。

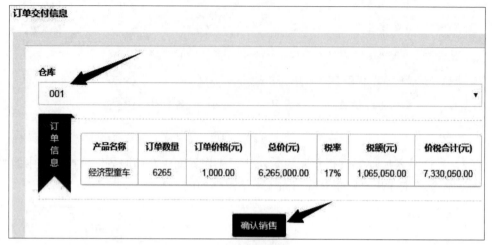

图 4-24　"订单交付信息"界面

（3）执行"销售管理"下拉菜单中的"订单交付"命令，可以查看销售订单情况，如图 4-25 所示。

竞单列表	产品订单方案							
竞单标题	序号	产品	市场	价格	广告费	订单数量	状态	操作
↻【2019年第1季度】成品交易会1	1	经济型童车	南部市场	700	0	50	✔已交付	☰订单详情

图 4-25　"订单交付"界面

（4）执行"仓储服务"下拉菜单中的"库存出库"命令，查看产品出库情况，如图 4-26 所示。

编号	仓库名称	仓库类型	出租机构	申请时间（虚拟）	租赁到期时间（虚拟）	创建时间	操作
31	AAAA	成品仓	物流公司01	2019-01-02	2027-12-28	2018-01-26 15:30:31	Q查看

图 4-26　查看产品出库界面

（5）执行"仓储服务"下拉菜单中的"库存台账"命令，查看存货数量，如图 4-27 所示。

（6）在"库存台账"界面单击"生成台账"按钮，查看库存情况，如图 4-28 所示。

图 4-27 "库存台账"界面

图 4-28 查看库存情况

3. 知识链接

企业在产品销售时首先要进行产品出库，产品出库后进行盘点，确保产品实际数量和仓库账目数量保持一致，同时完成库存台账。

项目三 固定资产管理

商贸公司固定资产管理

一、固定资产购买

1. 工作描述

商贸公司需要购买固定资产才能办公，商贸公司固定资产购买申请提交后，由交易服务中心审批通过后，即购买成功。

2. 工作指引

（1）执行"采购管理"下拉菜单中的"固定资产采购"命令，进入"固定资产采购"界面，如图 4-29 所示。

（2）单击"购买"按钮，可进入"购买申请"界面，如图 4-30 所示。

（3）单击"新增"按钮，可以看到购买的资产，然后单击"提交订单"按钮。

（4）提交订单后等待交易服务中心审核，审核通过后显示"已完成"表示购买成功，如图 4-31 所示。

图 4-29 "固定资产采购"界面

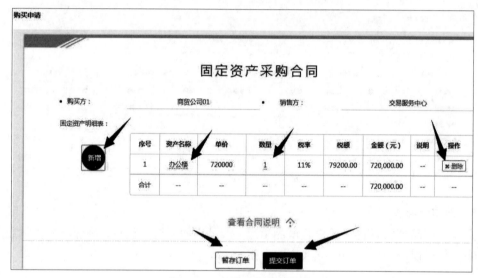

图 4-30 "购买申请"界面

编号	机构名称	交易类型	实习时间（虚拟）	状态	创建时间	操作
391	商贸公司01	购买	2018-01-02	待审核	2018-03-09 12:21:06	待审核
388	商贸公司01	购买	2018-01-02	已完成	2018-03-07 09:00:47	查看

图 4-31 查看购买订单情况

二、固定资产租赁

1. 工作描述

商贸公司如果需要租赁固定资产，可以提交固定资产租赁申请，由交易服务中心审批通过后，即租赁成功。

2. 工作指引

（1）执行"采购管理"下拉菜单中的"固定资产采购"命令，进入"固定资产采购"界面。

（2）单击"租赁"按钮，进入"租赁申请"界面，如图 4-32 所示。

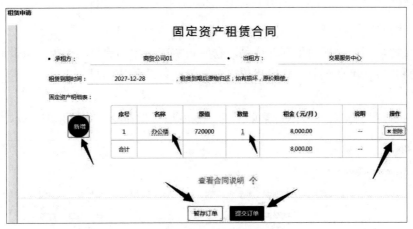

图 4-32　"租赁申请"界面

（3）单击"新增"按钮，可以看到租赁的资产，确认后单击"提交订单"按钮等待审核，如图 4-33 所示。

图 4-33　"租赁固定资产"界面

（4）提交订单后等待交易中心审核，审核通过后可以看到显示"已审核"，表示租赁成功，如图 4-34 所示。

编号	机构名称	交易类型	实习时间（虚拟）	状态	创建时间	操作
392	商贸公司01	租赁	2018-01-02	已审核	2018-03-09 13:28:46	已审核

图 4-34　租赁成功界面

3．知识链接

固定资产是指企业为生产商品、提供劳务、出租或经营管理而持有的，使用寿命超过一个会计年度的有形资产。固定资产一般被分为生产用固定资产、非生产用固定资产、租出固定资产、未使用固定资产、不需用固定资产、融资租赁固定资产、接受捐赠固定资产等。

三、仓库租赁

1. 工作描述

商贸公司需租赁仓库用于存储成品，仓库租赁申请由物流公司审批。审批通过后，租赁方可使用仓库。审批之前，仓库租赁方可删除、修改租赁信息。

2. 工作指引

（1）执行"仓储服务"下拉菜单中的"仓库租赁"命令，如图4-35所示。

图4-35 "仓库租赁"界面

（2）单击"新增"按钮，可新增仓库租赁申请，对仓库名称命名，再单击"确定"按钮，将仓库租赁申请发送给物流公司，等待物流公司审核，如图4-36所示。

图4-36 "仓库租赁申请"界面

（3）仓库租赁申请提交后等待物流公司审核，可以继续新增或删除仓库，如图4-37所示。

编号	仓库名称	仓库类型	出租机构	申请时间（虚拟）	租赁到期时间（虚拟）	创建时间	审核状态	操作
25	11	成品仓	物流公司01	2018-01-02	2018-12-28	2018-03-09 13:33:35	⊘未审核	✗删除

图4-37 新增或删除仓库

3. 知识链接

租赁是指在约定的期间内，出租人将资产使用权让与承租人，以获取租金的协议。

模块五　供应商运营

【知识目标】

- 了解供应商的部门设置及主要岗位职责
- 掌握供应商采购、销售及仓储管理的流程

【能力目标】

- 能根据供应商的经营流程开展经营活动

【思政目标】

- 培养学生的实践能力
- 培养学生的诚信品格
- 加强爱岗敬业、服务客户的职业道德素养

在虚拟商业环境综合实训平台中，供应商员工登录供应商首页，如图 5-1 所示。该首页左上角为操作人员的姓名、部门和职位，正中上方为虚拟时间，右上角为公共按钮栏和"退出"按钮，右下角为操作按钮，蓝色按钮表示本岗位具有该按钮的操作权限，灰色按钮表示本岗位没有该按钮的操作权限。

图 5-1　供应商首页

在供应商首页，把光标指向右下角可操作的按钮，可以查阅每个按钮的功能，单击任意按钮跳转到工作界面，如图 5-2 所示。

图 5-2　供应商工作界面

虚拟商业环境综合实训平台供应商各部门的功能模块和职责说明见表 5-1。

表 5-1　供应商的功能模块和职责说明

部门	操作角色	功能模块		职责说明
		一级菜单	二级菜单	
人力资源部	人力资源经理	人事管理	档案管理	查看企业员工档案
			薪资社保	结算员工薪资、缴纳社保
			人员招聘	进行人员招聘，供应商可招聘的人员：销售员、采购员
财务部	财务经理	财务管理	应收款管理	查看企业应收款记录
			应付款管理	查看企业应付款记录，含审核付款（实训配置为审核付款模式时）
			发票管理	查看企业交易生成的发票
			银行贷款	办理企业贷款业务
			工资发放	审核发放员工工资
			营业费用	结算企业营业费用
			纳税申报	企业纳税申报
			资产管理	查看企业资产状况及资产折旧
			财务报表	填写资产负债表、利润表、成本核算表
	出纳	财务管理	资金管理	职责说明参考财务经理
销售部	销售经理	原材料交易会	参加交易会	企业参加原材料交易会
			订单签约登记	企业进行原材料订单签约登记
		销售管理	销售订单	接收制造公司原材料采购订单，查看合同情况
			订单交付	销售订单交付

续表

部门	操作角色	功能模块		职责说明
		一级菜单	二级菜单	
采购与仓储部	采购与仓储经理	原材料竞单	竞单方案	企业填写原材料竞单方案申请原材料
			原材料订单	企业获取原材料订单
		采购管理	采购订单	查看竞单获得的原材料订单并查看合同情况
			采购到货	进行原材料采购到货入库操作
			固定资产采购	固定资产采购提交及合同查看
		仓储管理	仓库租赁	租用原材料仓库
			库存出库	查看原材料库存出库情况
			库存入库	查看原材料库存入库情况
			库存台账	查看库存情况并生成台账
其他	总经理	全部		总经理可操作所有模块功能

人事管理与财务管理业务请参考模块十二和模块十三。

项目一 采 购 管 理

供应商采购管理

一、原材料竞单

1. 工作描述
供应商每个季度通过向交易服务中心提交原材料的报价和数量，获得原材料的订货单。

2. 工作指引
（1）申请竞单。在工作界面执行"原材料竞单"下拉菜单中的"竞单方案"命令，打开"竞单方案"界面，如图 5-3 所示。如果界面左侧竞单列表没有当前季度的竞单，说明交易服务中心还没有发起原材料竞单；如果交易服务中心已发起当前季度的原材料竞单，供应商采购与仓储部经理可以在左侧选中当期季度的竞单，并单击中间的"申请"按钮。

（2）提交竞单方案。单击左上角的"添加方案"按钮，可以增加多行竞单方案，根据对各原材料的需求数量填写不同价格和申请数量。如果填写错误可以进行修改或删除，填写完成后单击下面的"保存"或"提交"按钮，如图 5-4 所示。只有提交竞单方案才会发送到交易服务中心审批确定采购订单数量，审批之前供应商可修改竞单方案。每个季度只能提交一个竞单方案。

提交竞单方案后，可以在右侧操作栏单击"详情"按钮，查看竞单的详细情况，如图 5-5 所示。

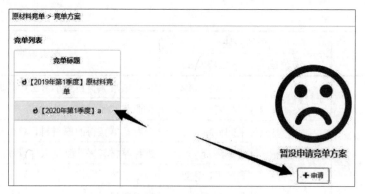

图 5-3　申请竞单

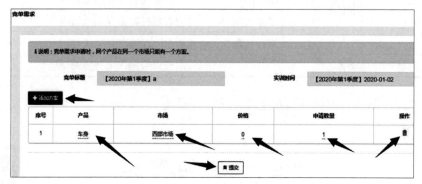

图 5-4　提交竞单方案

![原材料竞单 > 竞单方案]

	编号	标题	实训时间	申请状态	审核状态	操作
☑【2019年第1季度】原材料竞单	96	【2019年第1季度】订单	【2019年第1季度】2019-01-02	▦已提交	✔通过	▶详情

图 5-5　查看竞单详情

（3）查看原材料订单。在工作界面，执行"原材料竞单"下拉菜单中的"原材料订单"命令，或者执行"采购管理"下拉菜单中的"采购订单"命令，均可查看交易服务中心审批通过的原材料采购订单，如图 5-6 所示。

序号	产品	市场	价格	订单数量
1	车身	西部市场	80	50000
2	车轮	西部市场	7	200000
3	电机	西部市场	35	50000
4	电池	西部市场	35	50000
5	电源适配器	西部市场	35	50000
6	音乐模块	西部市场	35	46147

图 5-6　查看原材料订单

3. 知识链接

虚拟商业环境的原材料供给符合经济规律的供给价格弹性，定价低获得原材料订单数量就少，定价高获得原材料订单数量就多，所以供应商获得的订单数量与竞单方案中的数量不一定相等，但不会超过申请的数量。学生可以根据供给价格弹性原理和会计知识，结合市场的未来需求调研，运用本量利分析法得出最佳的定价和采购数量。

提交原材料竞单方案还要注意查看规则的产品 BOM，特别注意每部车的车轮需求是 4个。原材料采购、入库和运输到制造公司需要一定的周期，在与制造公司谈判时要提醒他们计算好采购提前期。

二、原材料采购管理

1. 工作描述

获得原材料采购订单后，交易服务中心进行发货处理后，供应商需要进行采购入库操作。供应商需要有原材料仓库存储原材料，原材料仓库可在"仓储服务"中的"仓库租赁"模块进行租赁。

2. 工作指引

（1）入库作业。在确保已经租赁原材料仓库的前提下，在工作界面执行"采购管理"下拉菜单中的"采购到货"命令，可进入"采购到货"界面，如图 5-7 所示。

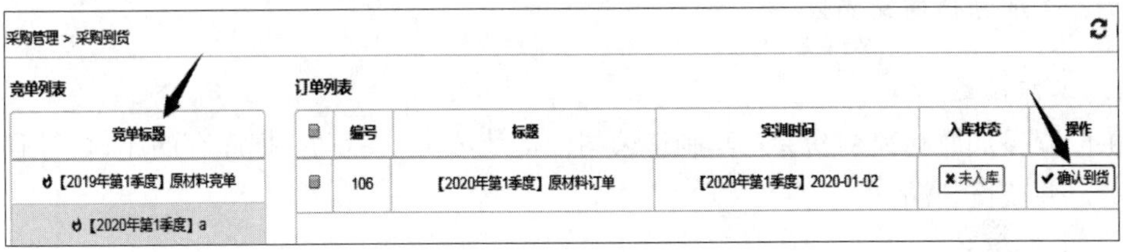

图 5-7 "采购到货"界面

选择当前的竞单标题，单击右侧操作栏的"确认到货"命令，弹出"订单详情"界面如图 5-8 所示。在其中单击"确认入库"按钮，即可成功入库。

图 5-8 入库操作

（2）查看季度入库详情。在"采购订单"界面的左侧选择需要查看的季度，如果订单列表的"入库状态"显示"已入库"，则可以在右侧操作栏单击"详情"按钮，查看入库的详细信息，如图 5-9 所示。

图 5-9　查看季度入库详情

3. 知识链接

采购原材料一般需要进行验收入库操作，新入库原材料的单价往往与库存原材料的单价不同，核算方法通常包括个别计价、先进先出、加权平均法等。在虚拟商业环境中，每次原材料入库采用加权平均法进行核算。

供应商销售管理

项目二　销售管理

一、参加原材料交易会

1. 工作描述

供应商参加原材料交易会，与制造公司商洽达成交易活动，把库存的原材料销售给制造公司，并获得利润。

2. 工作指引

（1）参加交易会。在工作界面执行"原材料交易会"下拉菜单中的"参加交易会"命令，打开"参加交易会"界面，选择当前季度的交易会标题，单击中间下方的"参加交易会"按钮，确定后，显示"已参加"，如图 5-10 所示。

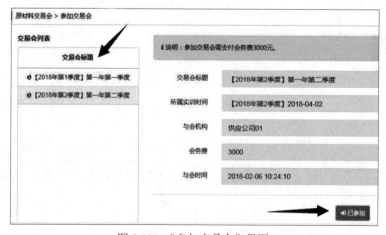

图 5-10　"参加交易会"界面

（2）订单签约登记。在原材料交易会中，线下签订原材料购销合同，双方为了确保权益，可以到交易服务中心进行原材料签约登记，记录订单情况，以便将来产生合同纠纷时能够及时处理，不影响双方实际交易业务。单击"原材料交易会"下拉菜单中的"订单签约情况"命令，可以查看已经在交易服务中心备案的原材料购销合同，如图5-11所示。

图5-11 查看已签约订单

3. 知识链接

交易服务中心创建原材料交易会后，供应商和制造公司才可参加交易会。只有报名参加原材料交易会后，才能与制造公司签订原材料购销合同。在交易会谈判达成协议后，购销双方线下签订原材料购销合同。

二、销售订单

1. 工作描述

制造公司与供应商在交易会进行线下谈判后，签订书面的原材料购销合同。交易会结束后，根据原材料购销合同，制造公司向供应商发起采购订单，供应商需在"销售管理"中的"销售订单"模块进行接单操作，确定订单的数量、价格和交货期，并作为原材料购销活动的主要依据。

2. 工作指引

在工作界面执行"销售管理"下拉菜单中的"销售订单"命令，打开"销售订单"界面。已经确定的订单在"接单状态"栏显示"已接单"，未确定的订单状态栏显示"未接单"，如图5-12所示。可以单击右侧的"接单"按钮，弹出原材料订单合同，核对无误后，单击"确定"按钮，提示"接单成功"。

	编号	采购机构	产品名称	订单数量	订单价格	实训时间	订单交货期	接单状态	操作
	170	制造公司03	车身	2000	160	2018-01-02	2018-03-28	已接单	
	172	制造公司03	车轮	2000	10	2018-01-02	2018-03-28	已接单	
	174	制造公司03	电机	2000	50	2018-01-02	2018-03-28	已接单	
	176	制造公司03	电池	2000	50	2018-01-02	2018-03-28	已接单	
	178	制造公司03	电源适配器	2000	50	2018-01-02	2018-03-28	已接单	
	180	制造公司01	车身	1000	120	2018-04-02	2018-06-28	未接单	接单

图5-12 "销售订单"界面

3. 知识链接

供应商要根据原材料的库存情况，确定订单上的产品名称、价格、数量和交货期等信息，如果与交易会签订的原材料购销合同不一致，应尽快联系制造公司修改订单合同，确定接单后，将严格按照双方确定的销售订单执行。

三、订单交付

1. 工作描述

订单交付就是把合格的原材料或产品按照订单约定的数量和时间交付给客户。

2. 工作指引

当供应商的原材料库存能够满足制造公司的采购订单时，执行"销售管理"下拉菜单中的"订单交付"命令，进行销售订单的交付，如图 5-13 所示。在"订单交付"界面单击"订单交付"按钮后可交付给物流公司进行发货运输。

	编号	采购机构	原材料名称	订单数量	订单价格	实训时间	订单交货期	交付状态	操作
☐	129	制造公司01	车身	150	100	2019-01-02	2019-01-02	待揽收	
☐	130	制造公司01	车身	1	100	2019-01-02	2019-03-28	已发运待收货	
☐	131	制造公司01	车身	100	101	2019-01-02	2019-03-28	待揽收	
☐	132	制造公司01	车轮	400	5	2019-01-02	2019-03-28	未交付	订单交付

图 5-13   订单交付

3. 知识链接

"以客户为中心"是企业的战略导向，企业供应链将不遗余力地满足客户对企业的交付要求，而其中最重要的一点，就是能否在需要的时间将客户需要的产品或服务交付给客户。

供应商仓储管理

项目三　仓 储 管 理

一、仓库租赁

1. 工作描述

仓储管理是对仓储货物的收发、结存等活动的有效控制，其目的是为企业保证仓储货物的完好无损，确保生产经营活动的正常进行。

2. 工作指引

仓库租赁。为了做好仓储管理工作，供应商首先应该租赁仓库。在工作界面单击"仓储服务"下拉菜单中的"仓库租赁"命令，打开"仓库租赁"界面，如图 5-14 所示。单击

"新增"按钮，打开"仓库租赁申请"界面，确认无误后，单击"确定"按钮，可新增仓库租赁申请，如图 5-15 所示。在承租方审核同意之前，供应商可删除、修改租赁信息。

图 5-14　新增仓库租赁

图 5-15　仓库租赁合同

3．知识链接

仓库由贮存物品的库房、运输传送设施、出入库房的输送管道和设备以及消防设施、管理用房等组成。根据货物特性仓库一般分为以下几种：

（1）原料仓库。原材料仓库是用来储存生产所用的原材料的，这类仓库一般比较大。

（2）产品仓库。产品仓库的作用是存放已经完成的产品，但这些产品还没有进入流通区域，这种仓库一般附属于产品生产工厂。

（3）冷藏仓库。冷藏仓库是用来储藏需要进行冷藏储存的货物，一般多是农副产品、药品等对于储存温度有要求的物品。

（4）恒温仓库。恒温仓库和冷藏仓库一样也是用来储存对于储藏温度有要求的产品。

（5）危险品仓库。危险品仓库用于储存危险品。

二、库存出库

1．工作描述

库存出库是仓库根据业务部门或存货单位开出的商品出库凭证（提货单、送货单），按其所列商品编号、名称、规格、型号、数量等项目，组织商品出库一系列工作的总称。

2. 工作指引

在工作界面执行"仓储服务"下拉菜单中的"库存出库"命令,打开"库存出库"界面,如图 5-16 所示。出库时单击"填写物流订单"按钮,通过物流公司将原材料发运到制造公司。在界面左侧选择"原材料出库情况"选项卡,单击"查询"按钮,可以查看原材料出库的详细情况,并可以选择不同的时间段进行查询。

图 5-16 "库存出库"界面

3. 知识链接

不同仓库在商品出库的操作程序上会有所不同,操作人员的分工也有粗有细,但就整个发货作业的过程而言,一般都是跟随商品在库内的流向,或出库单的流转而构成各工种的衔接。出库程序包括核单备料→复核→包装→点交→登账→现场和档案的清理。

三、查询仓储信息

1. 工作描述

供应商应及时查询仓储信息,为原材料的采购和销售工作提供决策支持。

2. 工作指引

(1)查询入库信息。在工作界面执行"仓储服务"下拉菜单中的"库存入库"命令,可查询库存入库信息,如图 5-17 所示。选择仓库并单击右侧"查看"按钮,选择存货名称和入库的时间段,可以查询不同时间段的入库信息,如图 5-18 所示。

编号	仓库名称	仓库类型	出租机构	申请时间(虚拟)	租赁到期时间(虚拟)	创建时间	操作
30	1号仓库	原材料仓	物流公司01	2019-01-02	2027-12-28	2018-01-26 14:21:42	Q 查看

仓储服务 > 库存入库　　　　　搜索

图 5-17 "库存入库"界面

库存入库

存货名称: —请选择—　入库时间(虚拟): 2018-01-02 至 2020-03-28　Q 查询

编号	存货名称	入库数量	入库单价	入库时间(虚拟)	操作人	操作时间	备注
164	车身	100	100.00	2019-01-02	学生59	2018-01-26 16:00:37	原材料采购到货
165	车轮	100	5.00	2019-01-02	学生59	2018-01-26 16:00:37	原材料采购到货

图 5-18 查询入库信息

（2）查看库存台账。在工作界面执行"仓储服务"下拉菜单中的"库存台账"命令，查看即时库存信息，如图 5-19 所示。单击左上角的"库存台账"按钮查询库存详细信息。可以选择不同的仓库、时段来生成详细库存台账，包括期初库存信息、期间入库信息、期间出库信息和期末库存等信息，如图 5-20 所示。

图 5-19 "库存台账"界面

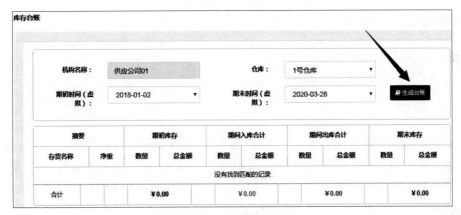

图 5-20 生成库存台账

3. 知识链接

即时库存信息和库存台账是两张反映不同实质内容的报表。即时库存反映的是系统当前时刻的即时库存状况；而库存台账反映的是某一会计期间或某一期间时段物料的收发存情况，库存台账受报表查询过滤条件设置的影响。

模块六　行政服务中心运营

【知识目标】

- 了解行政服务中心的部门设置及主要岗位职责
- 了解行政服务中心各部门的主要业务

【能力目标】

- 能开展行政服务中心的各项业务

【思政目标】

- 树立为人民服务的意识
- 培养学生高度的职业操守和素养
- 培养学生积极的响应行为

在虚拟商业环境综合实训平台中，行政服务中心成员登录行政服务中心首页，如图 6-1 所示。首页左上角为操作人员的姓名、部门和职位，正中上方为虚拟时间，右上角为公共按钮栏和"退出"按钮，右下角为操作按钮，蓝色按钮表示本岗位具有该按钮的操作权限，灰色按钮表示本岗位没有该按钮的操作权限。

图 6-1　行政服务中心首页

在行政服务中心首页中，把光标指向右下角可操作的按钮，可以查阅每个按钮的功能，单击任意按钮跳转到工作界面，如图 6-2 所示。

图 6-2　行政服务中心工作界面

在虚拟商业环境综合实训平台中，行政服务中心各部门的功能模块和职责说明见表 6-1。

表 6-1　行政服务中心各部门的功能模块和职责说明

部门	操作角色	功能模块	职责说明
工商局	工商局科员	注册变更	审核企业开业注册业务
		资质认证	产品研发资质认证
		市场监管	对针对签约登记的违约订单进行处理
税务局	税务局科员	税务登记	企业开业税务登记审核
		税务服务	查看企业税务申报情况
		税务稽查	对企业税务违法行为进行处罚和公布
综合局	综合局科员	社会保障	查看企业社保及公积金的缴纳情况
		代收费用	查看企业代收款项情况
		纠纷处理	处理经济纠纷（可自定义纠纷双方以及赔偿金额）
实训控制	中心主任	控制实训进程	可查看所有部门任务的完成情况，根据任务完成情况控制实训的时间进程，可下发通知提醒各个企业组织积极完成实训任务

其中，行政服务中心主任负责实训控制工作，单击工作界面的"实训控制"按钮，打开"实训控制"界面，左侧为实训进程的时间节点，如图 6-3 所示；右侧为各组织实训任务完成的情况，如图 6-4 所示。可根据任务完成情况，向所有公司组织下发通知，告知相关组织结束当前时间节点的计划安排，并按照实训进程的进度安排，单击左侧时间节点的"结束"按钮，弹出提示"确定结束当前时间吗"，单击"确定"按钮，跳转到下一时间节点。

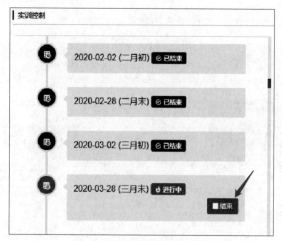

图 6-3　实训进程时间节点

图 6-4　各组织任务完成情况

工商行政管理部门运作

项目一　工商行政管理部门运作

一、注册变更

1. 工作描述

经营性组织向行政服务中心工商行政管理部门申请公司注册，工商行政管理部门审核并发放营业执照。

2. 工作指引

在行政服务中心的工作界面，执行"工商管理"下拉菜单中的"注册变更"命令，查看各组织的注册情况，如图 6-5 所示。

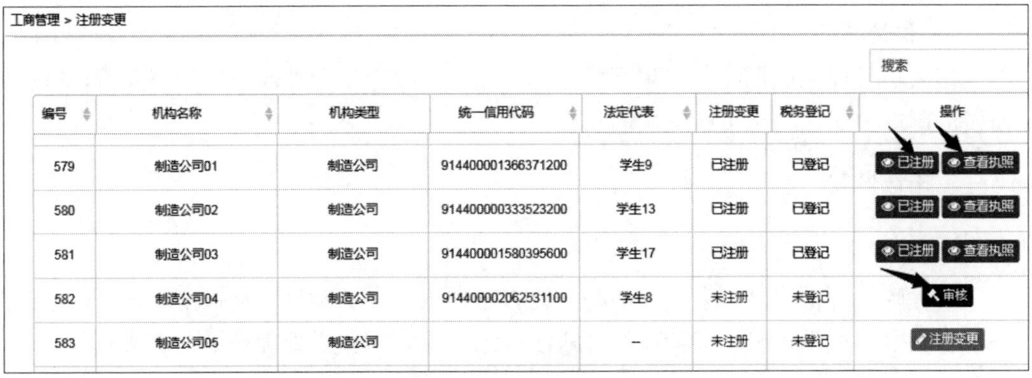
工商管理 > 注册变更

搜索

编号	机构名称	机构类型	统一信用代码	法定代表	注册变更	税务登记	操作
579	制造公司01	制造公司	914400001366371200	学生9	已注册	已登记	已注册 查看执照
580	制造公司02	制造公司	914400000333523200	学生13	已注册	已登记	已注册 查看执照
581	制造公司03	制造公司	914400001580395600	学生17	已注册	已登记	已注册 查看执照
582	制造公司04	制造公司	914400002062531100	学生8	未注册	未登记	审核
583	制造公司05	制造公司		–	未注册	未登记	注册变更

图 6-5　组织注册信息

在图 6-5 中，可在右上角的搜索框中输入公司类型进行查询。

（1）“注册变更”显示绿色“已注册”的组织，可以在“操作”栏单击“查看执照”按钮，查阅该组织的营业执照。

（2）“注册变更”显示红色“未注册”，“操作”栏显示橙色“注册变更”的组织，可以等待该组织提交注册申请后再进行审核，或直接单击“注册变更”按钮。工商管理部门根据组织的“名称预核准登记表”和其他信息直接进行注册登记，审核通过后并发放营业执照。

（3）“注册变更”显示红色“未注册”，操作栏显示橙色“注册变更”的组织，表示该组织已经提交注册申请，审查通过后，单击“审核”按钮，系统提示注册成功。

3. 知识链接

工商注册要求各组织先填写和提交书面的“企业名称预先核准申请书”（表 1-5）。在审核企业名称应该符合《中华人民共和国公司法》《企业名称登记管理规定》《企业名称登记管理实施办法》等相关法律和政策文件。

二、资质认证

1. 工作描述

在虚拟商业环境中，由工商行政部门负责审核制造公司的生产资质。

2. 工作指引

在工作界面，执行“工商管理”下拉菜单中的“资质认证”命令，可查询公司研发信息，如图 6-6 所示。对于已研发完成的产品，可进行认证操作。

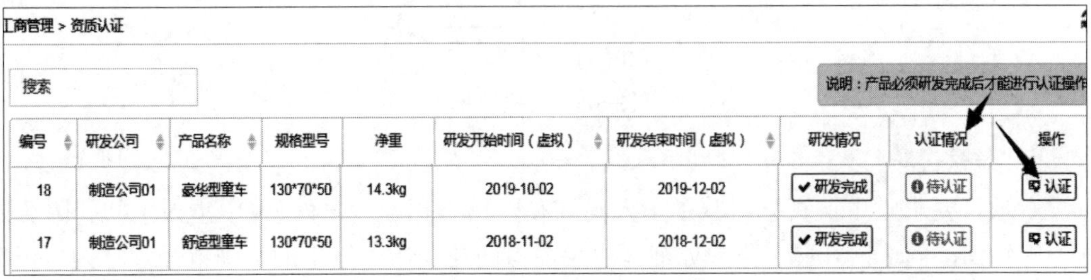
工商管理 > 资质认证

搜索

说明：产品必须研发完成后才能进行认证操作

编号	研发公司	产品名称	规格型号	净重	研发开始时间（虚拟）	研发结束时间（虚拟）	研发情况	认证情况	操作
18	制造公司01	豪华型童车	130*70*50	14.3kg	2019-10-02	2019-12-02	研发完成	待认证	认证
17	制造公司01	舒适型童车	130*70*50	13.3kg	2018-11-02	2018-12-02	研发完成	待认证	认证

图 6-6　“资质认证”界面

3. 知识链接

制造公司只能生产已经获得生产资质的产品。工商行政管理部门要加强监管，完成产品研发的制造公司才给予生产资质的认证。

三、市场监管

1. 工作描述

工商行政管理部门是市场交易活动的监督管理机关，主要负责维护市场秩序，严格查处不正常竞争、市场垄断、市场欺诈等违法违纪的行为，负责处理投诉与合同纠纷。

2. 工作指引

在工作界面，执行"工商管理"下拉菜单中的"市场监管"命令，可查询相关信息，如图6-7所示。

图6-7　"市场监管"界面

在"市场监管"界面，单击"新增"按钮，选择受罚企业，根据违法或违约情况，生成罚单，根据罚单情况对企业进行罚款，如图6-8所示。

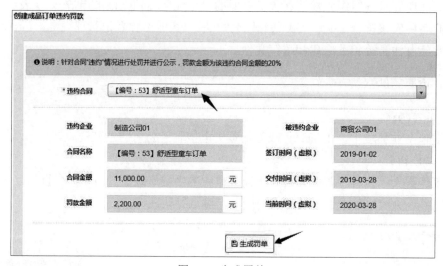

图6-8　生成罚单

3. 知识链接

本项目要求学生认真学习《中华人民共和国反不正当竞争法》《中华人民共和国合同法》等知识，创造性开展工作，处理和解决虚拟商业环境中发生的不规范经营行为，正确履行工商行政管理部门的职责。

项目二 税务部门运作

一、税务登记

1. 工作描述

税务登记是税务机关依据税法规定，对纳税人的生产、经营活动进行登记管理的一项法定制度，也是纳税人依法履行纳税义务的法定手续。

2. 工作指引

在工作界面，执行"税务管理"下拉菜单中的"税务登记"命令，可查询组织的注册和税务登记信息，如图 6-9 所示。对于未完成注册的组织，无法进行税务登记；如组织已经完成注册，并提交了税务登记申请，可以单击右侧"操作"栏的"审核"按钮，弹出对话框，单击"保存"按钮，完成税务登记；对于已经完成税务登记的组织，可以单击"已登记"按钮，对已经登记的信息进行修改。

税务管理 > 税务登记

搜索

编号	机构名称	机构类型	纳税人编码	法定代表	注册变更	税务登记	操作
591	商贸公司01	商贸公司	914400000138912800	学生18	已注册	已登记	● 已登记
592	商贸公司02	商贸公司	914400001886586900	学生22	已注册	已登记	● 已登记
593	商贸公司03	商贸公司	914400000483801000	学生21	已注册	未登记	✎ 审核
594	商贸公司04	商贸公司	914400000076298000	学生20	已注册	已登记	● 已登记
595	商贸公司05	商贸公司	—	—	未注册	未登记	✎ 税务登记

图 6-9 "税务登记"界面

3. 知识链接

税务登记是整个税收征收管理的起点。税务登记种类包括开业登记、变更登记、停业/复业登记、注销登记、外出经营报验登记、纳税人税种登记、扣缴税款登记等。

二、税务申报服务

1. 工作描述

纳税申报是指纳税人按照税法规定的期限和内容向税务机关提交有关纳税事项书面报告的法律行为，是纳税人履行纳税义务、承担法律责任的主要依据，是税务机关税收管理信息的主要来源和税务管理的一项重要制度。

2. 工作指引

在工作界面，执行"税务管理"下拉菜单中的"纳税服务"命令，可查询组织的纳税申报信息，如图 6-10 所示。对于未审核的项目，可以单击右侧"操作"栏的"审核"按钮，审查企业纳税申报信息，如果无误，单击"审核"按钮。对于审核通过的项目，可以单击右侧"操作"栏的"查看"按钮，查看申报的具体信息。可以通过筛选申请机构和申请时间进行搜索查询。

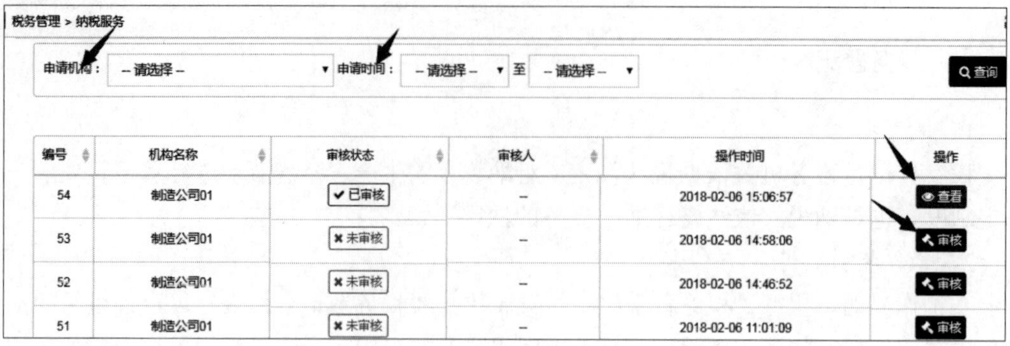

图 6-10　"纳税服务"界面

3. 知识链接

纳税人的纳税申报或者代扣代缴、代收代缴税款报告表的主要内容包括税种、税目、应纳税项目或者应代扣代缴、代收代缴税款项目、适用税率或者单位税额、计税依据、扣除项目及标准、应纳税额或者应代扣代缴、代收代缴税额、税款所属期限等。

在虚拟商业环境中，主要需要申报增值税、企业所得税和代缴个人所得税等。在现实中，增值税和个人所得税是按月申报的，企业所得税可以按月或按季度申报，在虚拟商业环境中，简化为按照季度进行税务申报工作。

三、税务稽查

1. 工作描述

税务稽查是税收征收管理工作的重要步骤和环节，是税务机关代表国家依法对纳税人的纳税情况进行检查监督的一种形式。

2. 工作指引

在工作界面，执行"税务管理"下拉菜单中的"税务稽查"命令，可对纳税人的违法行为进行处罚，如图 6-11 所示。如果在线下稽查发现纳税人有违法行为，可单击左侧的"新增"按钮，弹出处罚对话框，选择受罚企业，填写处罚金额，确认无误后，单击"生成罚单"按钮，如图 6-12 所示。对已经生成的罚单项目可以进行撤回、查看等操作。

图 6-11　"税务稽查"界面

图 6-12　生成罚单

3. 知识链接

税务稽查的依据是具有各种法律效力的税收法律、法规及各种政策规定。税务稽查具体包括日常稽查、专项稽查和专案稽查。

税务稽查的范围：税务法律、法规、制度等贯彻执行的情况，纳税人生产经营活动及税务活动的合法性，偷、逃、抗、骗、漏税及滞纳情况。

在虚拟商业环境中，税务管理机关可以自行组织税务稽查工作，也可以委托会计师事务所协助税务稽查工作。

项目三　综合管理部门运作

综合管理部门运作

一、社会保障

1. 工作描述

在虚拟商业环境中，社保金和住房公积金由综合管理局代为征收。在现实中，社保金是由人力资源和社会保障局负责征收的，住房公积金是由住房资金管理中心负责征收的。

2. 工作指引

在工作界面，执行"综合办事"下拉菜单中的"社会保障"命令，按时间进度显示社会保障信息，如图 6-13 所示。选择缴纳月份，单击右侧"操作"栏的"查看"按钮，可以查看各组织缴纳社保资金的情况，如图 6-14 所示。

图 6-13　社会保障总览

图 6-14 查看社会保障详情

3. 知识链接

社会劳动保障资金，简称为"社保金"，是由国家和地方社会劳动保障局统筹的，是通过国家、地方、单位集体和个人多渠道筹集的资金，主要用于参与社保的劳动者的社会保障和社会福利，是为参保人员的未来生活提供最基本保障的"养老金"和未来生命意外抢救或医治的"救命钱"。

住房公积金是指国家机关、国有企业、城镇集体企业、外商投资企业、城镇私营企业及其他城镇企业、事业单位、民办非企业单位、社会团体及其在职职工缴存的长期住房储金。

二、代收费用

1. 工作描述

在虚拟商业环境中，政府综合服务部门代理收取某些公共服务部门的费用。

2. 工作指引

在工作界面，执行"综合办事"下拉菜单中的"代收费用"命令，查看代收费用信息，如图 6-15 所示，可以通过筛选缴费企业、缴费月份查询代收费用信息。

编号	缴费企业	费用月份	费用名称	费用金额（元）	操作人	操作时间
13	制造公司01	201801	水电费	0.00	学生6	2018-01-31 14:38:34
14	制造公司01	201802	水电费	0.00	学生6	2018-01-31 14:38:38
15	制造公司01	201803	水电费	0.00	学生6	2018-01-31 14:38:43
16	制造公司01	201804	水电费	0.00	学生6	2018-01-31 14:38:49
17	制造公司01	201805	水电费	0.00	学生6	2018-01-31 14:38:53
18	制造公司01	201806	水电费	0.00	学生6	2018-01-31 14:38:58
19	制造公司01	201807	水电费	0.00	学生6	2018-01-31 14:39:03
20	制造公司01	201808	水电费	0.00	学生6	2018-01-31 14:39:07
21	制造公司01	201809	水电费	0.00	学生6	2018-01-31 14:39:12
22	制造公司01	201810	水电费	0.00	学生6	2018-01-31 14:39:16
23	制造公司01	201811	水电费	0.00	学生6	2018-01-31 14:39:23
24	制造公司01	201812	水电费	0.00	学生6	2018-01-31 14:39:28

显示第 1 到第 15 条记录，总共 18 条记录 每页显示 15 条记录

图 6-15 代收费用信息

3. 知识链接

在虚拟商业环境中，由行政服务中心综合部门来代表社会公共服务部门。

三、考勤登记

1. 工作描述

综合部门负责实训过程中的学生考勤工作。

2. 工作指引

在工作界面，执行"综合办事"下拉菜单中的"考勤登记"命令，查看每个季度的考勤列表，如图 6-16 所示。在"考勤登记"界面中，单击"导入"按钮，在打开的"学生考勤导入"界面可将学生某季度的考勤表导入系统，如图 6-17 所示。通过单击"选择文件"按钮选择好所需文件后单击"数据导入"按钮，即可导入。考勤表模板可单击"点击下载模板"按钮后，在系统中下载。

综合办事 > 考勤登记				
				搜索
季度	考勤状态	总人数	实际人数	操作
2018年第1季度	✖未考勤	100	–	☁导入
2018年第2季度	✖未考勤	100	–	☁导入
2018年第3季度	✖未考勤	100	–	☁导入

图 6-16　考勤列表

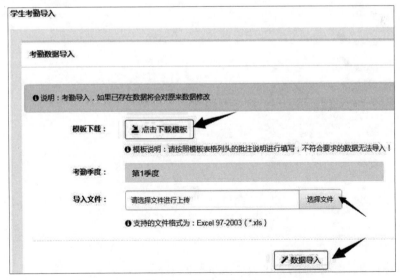

图 6-17　导入考勤数据

3. 知识链接

导入的考勤报表一定要按照系统下载的考勤表模板进行填写，包括学号、姓名、迟到或早退次数、迟到或早退分钟、请假次数和旷课节数等信息。系统会根据一定的规则计算个人成绩。

四、线下任务布置

1. 工作描述

在虚拟商业环境中，综合局可以给各组织布置线下任务。

2. 工作指引

在工作界面，执行"综合办事"下拉菜单中的"线下任务"命令，打开"线下任务"界面，如图 6-18 所示。单击左上角的"新增"按钮，可向指定组织发布线下任务，如图 6-19 所示。填写任务名称、任务说明，选择参与组织后，单击"保存"按钮，生成线下任务。

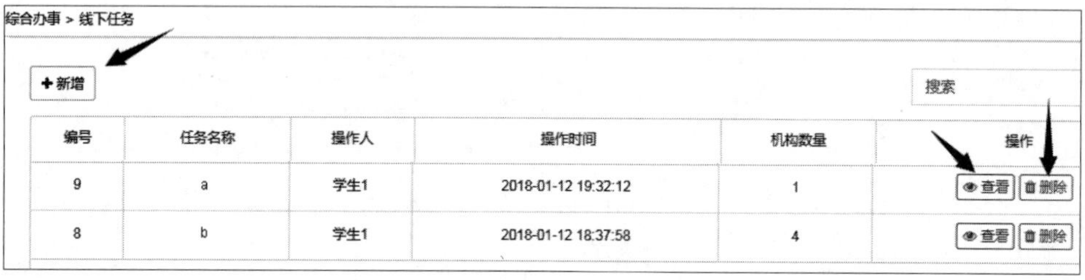

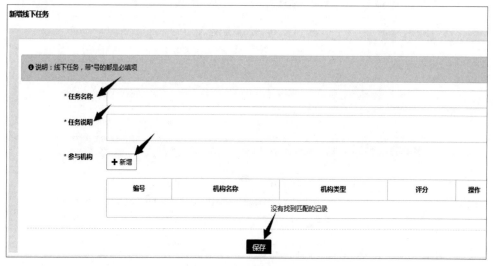

图 6-18   "线下任务"界面

图 6-19   新增线下任务

3. 知识链接

线下任务旨在训练学生的管理类文案撰写能力。

模块七　交易服务中心运营

【知识目标】

- 了解交易服务中心的部门设置及主要岗位职责
- 了解交易服务中心各部门的主要业务

【能力目标】

- 能开展交易服务中心的各项业务

【思政目标】

- 培养学生的大局观和发展观
- 培养学生的创新意识和团队合作精神
- 培养学生的职业操守和素养

在虚拟商业环境综合实训平台中，交易服务中心成员登录交易服务中心首页，如图 7-1 所示。首页左上角为操作人员的姓名、部门和职位，正中上方为虚拟时间，右上角为公共按钮栏和"退出"按钮，右下角为操作按钮，蓝色按钮表示本岗位具有该按钮的操作权限，灰色按钮表示本岗位没有该按钮的操作权限。

图 7-1　交易服务中心首页

在交易服务中心首页中，把光标指向可操作按钮，可以查阅每个按钮的功能，单击任意按钮跳转到工作界面，如图 7-2 所示。

图 7-2   交易服务中心工作界面

在虚拟商业环境综合实训平台中,交易服务中心各部门的功能模块和职责说明见表 7-1。

表 7-1   交易服务中心各部门的功能模块和职责说明

部门	角色	功能模块		职责说明
		一级菜单	二级菜单	
商品业务部	商品业务部主管	成品竞单	竞单管理	配置成品竞单,可配置竞单参数
			市场调研情况	查看商贸公司的市场调研情况
			竞单广告费情况	查看商贸公司广告费的投入情况
			发放订单	向商贸公司发放交易订单
		成品交易会	交易会管理	配置成品交易会并进行管理
			参加情况	查看企业参加交易会的情况
			签约登记	为企业进行签约登记
		政府采购	采购招标	发布政府采购订单招标信息
			采购中标	评标,确定中标
			采购到货	查看政府采购交付情况
原材料业务部	原材料业务部主管	原材料竞单	竞单管理	配置原材料竞单,可配置竞单参数
			供应材料	给供应企业供应原材料
		原材料交易会	交易会管理	配置原材料交易会并进行管理
			参加情况	查看企业参加交易会情况
			签约登记	为企业进行签约登记
		政府拍卖	拍卖管理	发布政府拍卖订单
			拍卖成交	确定成交企业
			拍卖订单	交付拍卖订单

续表

部门	角色	功能模块		规则说明
		一级菜单	二级菜单	
固定资产业务部	固定资产业务部主管	固定资产	固定资产销售	向企业销售固定资产
			固定资产租赁	向企业租赁固定资产
其他	中心主任	路演管理	路演发布	创建团队路演，可选择路演组织企业
			路演控制	控制路演开始、结束时间
			路演投票	为路演企业组织投票
		财务管理	应收款管理	查询应收款项
			应付款管理	查询应付款项

项目一 商品业务部运作

商品业务部运作

一、成品竞单

1. 工作描述

交易服务中心在每个季度初（1月、4月、7月、10月的2日）发起成品竞单，在商贸公司提交竞单方案后，审核并发放成品订单给商贸公司。

2. 工作指引

（1）竞单管理。在工作界面，执行"成品竞单"下拉菜单中的"竞单管理"命令，弹出"竞单管理"界面，如图7-3所示。在"竞单管理"界面中，可以进行新增、删除、结束竞单的操作。

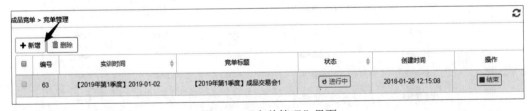

图7-3 "竞单管理"界面

（2）新建成品竞单。单击"新增"按钮，弹出"新增竞单"界面，如图7-4所示，可根据虚拟时间填写竞单标题和竞单说明，根据市场的总体趋势调整基准价格、各区域的需求量、价格因素、季节因素和广告因素等。填写完成后，可单击"保存并开始"按钮。

（3）查看市场调研情况。在工作界面，执行"成品竞单"下拉菜单中的"市场调研情况"命令，弹出"市场调研情况"界面，如图7-5所示。选择对应季度的竞单标题，可查看商贸公司市场调研的相关信息，单击"详情"按钮，可查看调研详细信息，如图7-6所示。

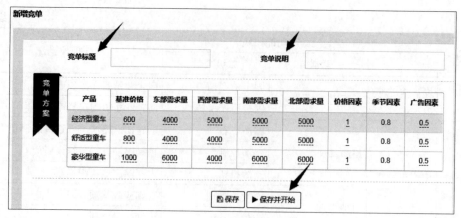

图 7-4　新增竞单

成品竞单 > 市场调研情况					
竞单列表	**调研机构列表**				
竞单标题	☐	**编号**	**机构名称**	**调研费用**	**操作**
↻【2018年第1季度】第一年第一季度	☐	591	商贸公司01	12,000.00	▶ 详情
↻【2018年第2季度】第一年第二季度	☐	592	商贸公司02	12,000.00	▶ 详情
	☐	593	商贸公司03	0.00	
	☐	594	商贸公司04	0.00	
	☐	595	商贸公司05	0.00	
	☐	596	商贸公司06	0.00	

图 7-5　查看市场调研情况

调研详情

竞单标题	【2018年第2季度】第一年第二季度		实训时间	【2018年第2季度】2018-04-02	
产品	**市场**	**价格**	**广告费**	**需求量**	
经济型童车	东部市场	1000	2000	6265	
经济型童车	南部市场	1000	2000	6265	
经济型童车	西部市场	1000	2000	6265	
舒适型童车	东部市场	1400	2000	5117	
舒适型童车	南部市场	1400	2000	5117	
舒适型童车	西部市场	1400	2000	5117	

调研数量：6 项
调研费用：12,000.00 元

图 7-6　市场调研详情

（4）竞单广告情况。在工作界面，执行"成品竞单"下拉菜单中的"竞单广告情况"命令，弹出"竞单广告情况"界面，如图 7-7 所示。选择对应的竞单标题，可查看商贸公司的广告费信息，单击"详情"按钮可以查看详细信息。

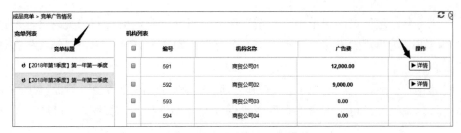

图 7-7　查看竞单广告情况

（5）发放订单。在工作界面，执行"成品竞单"下拉菜单中的"发放订单"命令，弹出"发放订单"界面，如图 7-8 所示。选择竞单标题，查看竞单方案申请列表，对已经提交竞单方案的商贸公司，单击"操作"栏的"审核"按钮，发放订单给对应的商贸公司。

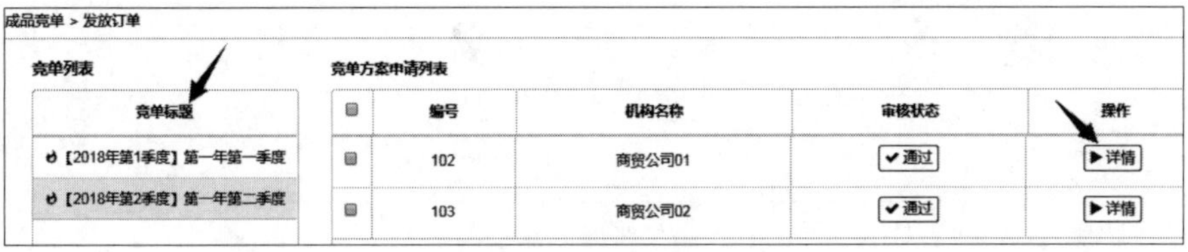

图 7-8　发放订单

3．知识链接

交易服务中心通过发起成品竞单，让商贸公司提交不同的市场、产品报价，广告和接单数量后，审核并发放订单给商贸公司。在新增成品竞单中，填写的各市场成品需求量是每个商贸公司的需求量的平均值；价格因素是成品的需求价格弹性，价格弹性大，说明成品需求受价格影响明显，价格弹性小，说明价格对需求的影响不明显；季节因素大，市场的平均需求就会增加，季节因素小，市场的平均需求就会减少；广告因素大说明广告的效果好，广告因素小说明广告的效果不明显。

二、成品交易会

1．工作描述

交易服务中心商品业务部在每个季度的竞单结束后，应组织成品交易会，让商贸公司和制造公司参加交易会，进行成品交易活动。

2．工作指引

（1）交易会管理。在工作界面，执行"成品交易会"下拉菜单中的"交易会管理"命令，弹出"交易会管理"界面，如图 7-9 所示。

图 7-9　"交易会管理"界面

在"交易会管理"页面中单击"新增"按钮，可新增交易会；勾选交易会，通过单击"删除"按钮可进行删除操作。单击"交易会标题"可查看详情；单击"结束"按钮，可结束交易会。

（2）新增交易会。单击"新增"按钮，弹出"新增产品交易会"界面，填写交易会标题和交易会说明后，可单击"保存"或"保存并开始"按钮，如图 7-10 所示。

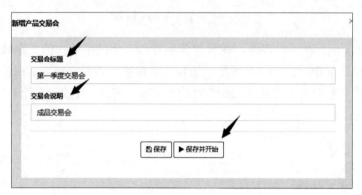

图 7-10　新增产品交易会

（3）查看参加情况。执行"交易会"下拉菜单中的"参加情况"命令，单击交易会标题，可查看对应交易会的公司参加情况，如图 7-11 所示。

交易会列表	交易会机构列表			
交易会标题	机构名称	参与时间(虚拟)	会务费	与会时间
⏱【2018年第1季度】第一年第一季度	商贸公司01	【2018年第2季度】2018-04-02	3000	2018-02-02 17:30:47
⏱【2018年第2季度】第一年第二季度	商贸公司02	【2018年第2季度】2018-04-02	3000	2018-02-02 17:31:02
	制造公司01	【2018年第2季度】2018-04-02	3000	2018-02-02 17:31:15
	制造公司02	【2018年第2季度】2018-04-02	3000	2018-02-02 17:31:28
	制造公司03	【2018年第2季度】2018-04-02	3000	2018-02-02 17:31:40

图 7-11　查看交易会参加情况

（4）签约登记。制造公司与商贸公司参加交易会后，可以向交易服务中心申请签约登记，签约登记不影响双方交易，只有备案功能，便于双方在产生合同纠纷时可以及时查对。执行"成品交易会"下拉菜单中的"签约登记"命令，弹出"签约登记"界面，如图 7-12 所示。单击交易会标题，选择对应的交易会，可新增、查看签约信息。

交易会列表	销售机构：--请选择-- 采购机构：--请选择-- 产品：--请选择--								
交易会标题									
⏱【2018年第1季度】第一年第一季度	编号	产品名称	销货机构	采购机构	数量	价格	实训时间	登记状态	订单状态	登记时间
⏱【2018年第2季度】第一年第二季度	73	经济型童车	制造公司02	商贸公司01	500	700	2018-04-02	已登记	已签约	2018-02-06 11:15:40
	74	经济型童车	制造公司01	商贸公司01	500	700	2018-04-02	已登记	已签约	2018-02-27 10:53:49
	75	经济型童车	制造公司01	商贸公司01	1000	680	2018-04-02	已登记	已签约	2018-03-14 15:58:34

图 7-12　"签约登记"界面

单击"新增"按钮，弹出"签约登记"界面，如图 7-13 所示。在其中填写全部信息后，单击"确定"按钮。

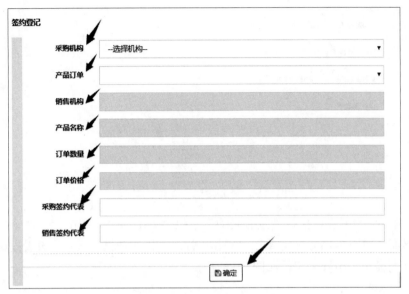

图 7-13　"签约登记"界面

3．知识链接

商贸公司与制造公司参加交易会后，可通过谈判确定成品交易的品种、价格和数量，并签订商品购销合同。

三、政府采购管理

1．工作描述

政府采购由政府委托交易服务中心向制造公司发起采购。

2．工作指引

（1）发布采购招标信息。交易服务中心确定政府采购需求后，在工作界面执行"政府采购"下拉菜单中的"采购招标"命令，弹出"采购招标"界面，如图 7-14 所示。

图 7-14　"采购招标"界面

单击"新增"按钮，弹出"新增招标信息"界面，如图 7-15 所示。填写订单信息，完成后单击"发送"按钮，即可向制造公司发布政府采购订单。如订单有误，退回图 7-14 所示的界面中，勾选订单并单击"操作"栏的"作废"按钮即可删除订单。

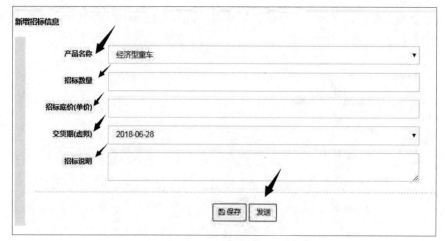

图 7-15 "新增招标信息"界面

（2）确定采购中标。执行"政府采购"下拉菜单中的"采购中标"命令，弹出"采购中标"界面，如图 7-16 所示。单击"操作"栏的"投标详情"按钮，查看投标情况，选择分数最高的公司为中标公司，如图 7-17 所示。

	编号	产品名称	招标数量	招标底价	交货期(虚拟)	状态	实训时间(虚拟)	创建时间	操作
	40	经济型童车	500	800.00	2018-06-28	✈已发送	2018-04-02	2018-02-26 16:15:57	📧投标详情
	41	经济型童车	10	1,200.00	2018-06-28	✈已发送	2018-04-02	2018-02-27 11:02:07	📧投标详情

政府采购 > 采购中标

图 7-16 "采购中标"界面

投标机构列表

ℹ说明：评标得分＝(底价 － 报价 ＋ 1)×(1 ＋ 路演得分÷20)，路演得分为投标公司参与团队路演的最高一次得分（得分指的是平均分）；若最高得分相同则由交易服务中心选择谁得

编号	投标机构	投标价格	是否中标	投标人	投标时间	操作
42	******	1,100.00	✖未中标	******	2018-03-15 11:50:52	📧中标
43	******	1,150.00	✖未中标	******	2018-03-15 11:51:34	📧中标
44	******	1,200.00	✖未中标	******	2018-03-15 11:51:55	📧中标

完成中标

图 7-17 确定中标公司

确定中标公司后，单击"完成中标"按钮，界面弹出提示"确定要完成中标生成订单吗"，单击"确定"按钮，生成采购订单。

（3）采购到货。执行"政府采购"下拉菜单中的"采购到货"命令，弹出"采购到货"界面，如图 7-18 所示，可在状态栏查看订单交付情况。如果制造公司已经交货，可以在"操作"栏单击"确认到货"按钮。

	编号	销售机构	产品名称	订单数量	订单单价	交货期(虚拟)	状态	实训时间(虚拟)	创建时间	操作
	21	制造公司01	经济型童车	1	700.00	2019-03-28	✖ 未交付	2019-03-02	2018-01-27 10:06:54	–
	22	制造公司01	经济型童车	1	699.00	2019-09-28	✖ 未交付	2019-07-02	2018-01-31 11:17:44	–
	23	制造公司02	经济型童车	1	701.00	2019-09-28	⟳ 已交付	2019-07-02	2018-01-31 11:29:55	✔ 确认到货
	24	制造公司02	经济型童车	1	707.00	2019-09-28	⟳ 已交付	2019-07-02	2018-01-31 14:57:43	✔ 确认到货

图 7-18　确认到货操作

3．知识链接

评标得分=(底价-报价+1)×(1+路演得分/20)，所以低报价和高路演得分将有利于制造公司得高分。交易服务中心只能选择得分最高的公司中标，当出现得分相同时，交易服务中心可要求得分一致的公司进行线下竞争性谈判，能额外提供较高服务费的公司为中标公司。

项目二　原材料业务部运作

原材料业务部运作

一、原材料竞单

1．工作描述

交易服务中心在每个季度初（1月、4月、7月、10月的2日）发起原材料竞单，在供应商提交竞单方案后，审核原材料订单，并按照原材料订单发货给供应商。

2．工作指引

（1）竞单管理。在工作界面中，执行"原材料竞单"下拉菜单中的"竞单管理"命令，弹出"竞单管理"界面，如图7-19所示。单击左侧的"新增"按钮新增一个原材料竞单。

原材料竞单 > 竞单管理

➕ 新增　　🗑 删除

	编号	实训时间	竞单标题	状态	创建时间	操作
	64	【2019年第1季度】2019-01-02	【2019年第1季度】原材料竞单	⟳ 进行中	2018-01-26 14:55:48	■ 结束
	67	【2020年第1季度】2020-01-02	【2020年第1季度】a	⟳ 进行中	2018-02-02 15:33:32	■ 结束

图 7-19　"竞单管理"界面

（2）新建原材料类竞单。在"新增竞单"界面中填写配置基准价格、需求数量、价格因素、季节因素、加成系数等信息后，单击下方的"保存并开始"按钮生产原材料竞单信息，如图7-20所示。

竞单标题	原材料竞单		竞单说明			

竞单方案

产品	基准价格	需求数量	价格因素	季节因素	加成系数
车身	120	5000	1	0.8	2
车轮	5	16000	1	0.8	2
电机	30	4000	1	0.8	2
电池	30	5000	1	0.8	2
电源适配器	20	5000	1	0.8	2
音乐模块	60	5000	1	0.8	2
遥控模块	100	5000	1	0.8	2

图 7-20　配置竞单信息

（3）供应材料。交易服务中心在供应商提交竞单方案后，需要对供应商的竞单方案进行审核。在工作界面，单击"原材料竞单"下拉菜单中的"供应材料"命令，弹出"供应材料"界面，如图 7-21 所示。单击右侧的"操作"栏的"审核"按钮，查看供应商竞单方案。在"竞单方案"界面中单击"发放订单"按钮审核发放订单，如图 7-22 所示。对于已经审核发放的订单，可以单击右侧"操作"栏的"详情"按钮，查看竞单信息。

图 7-21　审核竞单并供应材料

图 7-22　查看竞单详情

3. 知识链接

交易服务中心通过发起原材料竞单，让供应商提交原材料的报价和数量等信息后，进行审核并发放原材料给供应商。在新增原材料竞单中，填写的原材料需求数量是每个供应商可以获取的数量的平均值；价格因素是成品的需求价格弹性，价格弹性大，说明成品需求受价格影响明显，价格弹性小，说明价格对需求的影响不明显；季节因素大，市场的平均需求就会增加，季节因素小，市场的平均需求就会减少；加成系数说明供应商增加采购员可以增加原材料采购的数量。

二、原材料交易会管理

1. 工作描述

交易服务中心原材料业务部每个季度在原材料竞单结束后，应组织原材料交易会，让供应商和制造公司参加交易会，进行原材料交易活动。

2. 工作指引

（1）交易会管理。在工作界面，执行"原材料交易会"下拉菜单中的"交易会管理"命令，弹出"交易会管理"界面，如图 7-23 所示。在其中可增加、删除、结束交易会。

编号	实训时间	交易会标题	状态	创建时间	操作
42	【2019年第1季度】2019-01-02	【2019年第1季度】原材料A	进行中	2018-01-26 12:17:02	结束
45	【2020年第1季度】2020-01-02	【2020年第1季度】a1	进行中	2018-02-02 15:33:42	结束

图 7-23　交易会管理

（2）新增原材料交易会。单击"新增"按钮，打开"新增原材料交易会"界面，在其中填写交易会信息，如图 7-24 所示，单击"保存并开始"按钮保存信息。

图 7-24　"新增原材料交易会"界面

（3）查看参加情况。在工作界面，执行"原材料交易会"下拉菜单中的"参加情况"命令，选择交易会标题，可查看对应交易会的公司参加情况，如图 7-25 所示。

交易会标题	机构名称	参与时间(虚拟)	会务费	与会时间
【2018年第1季度】第一年第一季度	制造公司01	【2018年第2季度】2018-04-02	3000	2018-02-06 10:23:27
【2018年第2季度】第一年第二季度	制造公司02	【2018年第2季度】2018-04-02	3000	2018-02-06 10:23:39
	制造公司03	【2018年第2季度】2018-04-02	3000	2018-02-06 10:23:50
	供应公司01	【2018年第2季度】2018-04-02	3000	2018-02-06 10:24:10
	供应公司02	【2018年第2季度】2018-04-02	3000	2018-02-06 10:24:59

图 7-25　查看参加情况

（4）签约登记。制造公司与供应商参加原材料交易会后，可以向交易服务中心申请签约登记，签约登记不影响双方交易，只有备案功能，便于双方在产生合同纠纷时可以及时查对。执行"原材料交易会"下拉菜单中的"签约登记"命令，弹出"签约登记"界面，如图 7-26 所示。可单击交易会标题，选择对应的交易会新增、查看签约信息。

图 7-26　原材料签约登记

单击"新增"按钮，弹出"签约登记"界面，填写全部信息后，单击"确定"按钮。

3. 知识链接

供应商与制造公司参加原材料交易会，可通过谈判确定原材料交易的品种、价格和数量，并签订原材料购销合同。

三、拍卖管理

1. 工作描述

政府拍卖是政府通过交易服务中心，向制造公司拍卖原材料的一个交易途径。在虚拟商业环境中此环节旨在打破供应商的原材料垄断联盟，缓解制造公司生产时原材料不足的问题。

2. 工作指引

（1）拍卖管理。在工作界面，执行"政府拍卖"下拉菜单"拍卖管理"命令，弹出"拍卖管理"界面，如图 7-27 所示。

	编号	原材料名称	拍卖数量	拍卖底价(单价)	状态	实训时间(虚拟)	创建时间	操作
	27	车身	15000	100.00	已发送	2018-04-02	2018-02-26 16:35:06	✕ 流拍
	26	车轮	12000	10.00	已发送	2018-01-02	2018-02-02 12:01:16	–

图 7-27　"拍卖管理"界面

（2）发布拍卖信息。在"拍卖管理"界面单击"新增"按钮，新增拍卖订单，填写原材料名称、拍卖数量、拍卖单价、拍卖说明等信息。填写完成后，单击"发送"按钮，即可发布拍卖订单，如图 7-28 所示。

（3）拍卖成交。当所有需要竞拍的制造公司都参与竞拍后，交易服务中心需要进行拍卖成交确认。在工作界面执行"政府拍卖"的下拉菜单"拍卖成交"命令，弹出"拍卖成交"界面，如图 7-29 所示。选择拍卖项目，单击右侧"操作"栏的"竞拍详情"按钮，弹出"竞拍机构列表"界面，选择最高分的制造公司为成交单位，如图 7-30 所示。

图 7-28　发布拍卖信息

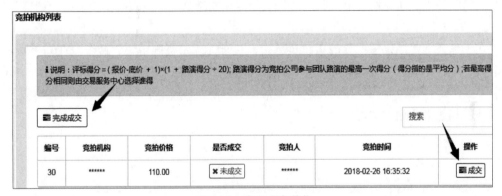

图 7-29　"拍卖成交"界面

图 7-30　确定成交单位

（4）订单交付。当交易服务中心确定成交公司后，在工作界面执行"政府拍卖"下拉菜单中的"拍卖订单"命令，打开"拍卖订单"界面，如图 7-31 所示。单击右侧"操作"栏的"详情"按钮，查看拍卖订单详情，如图 7-32 所示。

图 7-31　"拍卖订单"界面

订单信息	原材料名称	订单数量	订单价格(元)	总价(元)	税率	税额(元)	价税合计(元)
	车身	1	100.00	100.00	17%	17.00	117.00

图 7-32　查看拍卖订单详情

3. 知识链接

交易服务中心只能选择得分最高的公司中标，当出现得分相同时，交易服务中心可要求得分一致的公司线下商洽，能提供较好条件的公司为中标公司。

固定资产业务部运作

项目三　固定资产业务部运作

一、固定资产销售

1. 工作描述

交易服务中心向商贸公司、制造公司、供应商和物流公司等组织提供固定资产销售服务。

2. 工作指引

在工作界面"固定资产"的下拉菜单中，执行"固定资产销售"命令，打开"固定资产销售"界面，如图 7-33 所示，可以按照公司类别查询固定资产采购订单。单击对应订单右侧"操作"栏的"审核"按钮可进行审核操作。除了购买生产线需要一个月后才能到位使用外，其他审核通过的固定资产可即时到位使用。

编号	购买方	机构类型	交易类型	实习时间（虚拟）	状态	创建时间	操作
330	物流公司01	物流公司	销售	2020-03-28	✔已审核	2018-03-12 16:17:03	查看合同
329	商贸公司02	商贸公司	销售	2020-03-28	🔒未审核	2018-02-26 16:41:52	审核
311	制造公司07	制造公司	销售	2018-01-02	✔已审核	2018-02-01 11:18:06	查看合同
298	物流公司02	物流公司	销售	2018-01-02	✔已审核	2018-01-31 15:53:12	查看合同

图 7-33　"固定资产销售"界面

单击"查看合同"按钮，弹出"固定资产采购合同"界面，如图 7-34 所示。在此界面中可查看合同详情。

3. 知识链接

固定资产销售单价不含税价，实际支付金额应该加上增值税。

图 7-34 "固定资产采购合同"界面

二、固定资产租赁

1. 工作描述

交易服务中心向商贸公司、制造公司、供应商和物流公司等组织提供固定资产租赁服务。

2. 工作指引

在工作界面"固定资产"的下拉菜单中，执行"固定资产租赁"命令，打开"固定资产租赁"界面，如图 7-35 所示，可以按照公司类别查询固定资产租赁订单。单击对应订单右侧的"操作"栏的"审核"按钮，可进行审核操作。除了租赁生产线需要一个月后才能到位使用外，其他审核通过后的固定资产可即时到位使用外。审核通过的租赁订单可通过单击"查看合同"按钮查看固定资产租赁合同，如图 7-36 所示。

编号	租赁方	交易类型	机构类型	实习时间（虚拟）	状态	创建时间	操作
293	供应公司01	租赁	供应公司	2019-07-02	✔已审核	2018-01-30 10:39:28	◉查看合同
285	商贸公司01	租赁	商贸公司	2018-12-28	🔒未审核	2018-01-26 11:53:10	✎审核

图 7-35 "固定资产租赁"界面

图 7-36 固定资产租赁合同

3. 知识链接

固定资产租赁单价不含税价，实际支付金额应该加上增值税。

路演管理

项目四 路演管理

一、路演发布

1. 工作描述

团队路演是指让各组织进行团队路演，并让所有学生对路演组织进行评价投票。交易服务中心可以定期组织公司路演活动。

2. 工作指引

在工作界面"团队路演"的下拉菜单中，执行"路演管理"命令，打开"路演管理"界面，如图 7-37 所示，可新增、查看、搜索路演信息。单击"新增"按钮打开图 7-38 所示界面，填写路演标题，选择参加路演的企业，可选择全部企业，也可选择部分企业，可选择需要或不需报名模式，单击"保存"按钮即可新增一个团队路演。其中若选择报名模式，则企业需报名参加团队路演；若选择不需报名模式，则开始路演后，企业可直接进行路演投票，无需报名。

编号	路演标题	路演时间（虚拟）	是否可报名	状态	创建时间	操作
26	不可报名	–	✖不可报名	🔒未开始	2018-01-31 15:38:09	删除 编辑
24	1-1	2019-10-02	✖不可报名	⏱进行中	2018-01-31 15:36:08	查看
25	2可报名	2019-10-02	✖不可报名	⏱进行中	2018-01-31 15:37:52	查看

图 7-37 "路演管理"界面

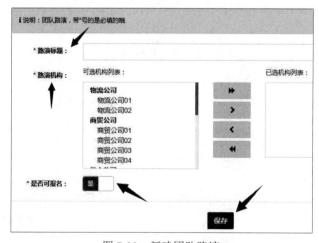

图 7-38 新建团队路演

3. 知识链接

路演是指组织在公共场所进行演说、演示产品、推介理念，及向他人推广自己的公司、团体、产品、想法的一种方式。通过现场演示的方法，引起目标客户的关注，让他们产生兴趣，最终达成销售。路演有两种功能：一是宣传，让更多的人知道公司和产品；二是现场销售，增加目标客户的试用和体验机会。

二、路演实施

1. 工作描述

在公司报名结束后，交易服务中心可以开始组织路演工作，按照一定顺序组织路演和投票。

2. 工作指引

（1）路演控制。在工作界面“团队路演”的下拉菜单中，执行“路演控制”命令，打开“路演控制”界面，如图 7-39 所示。单击“操作”栏的“开始”按钮，开始路演工作。

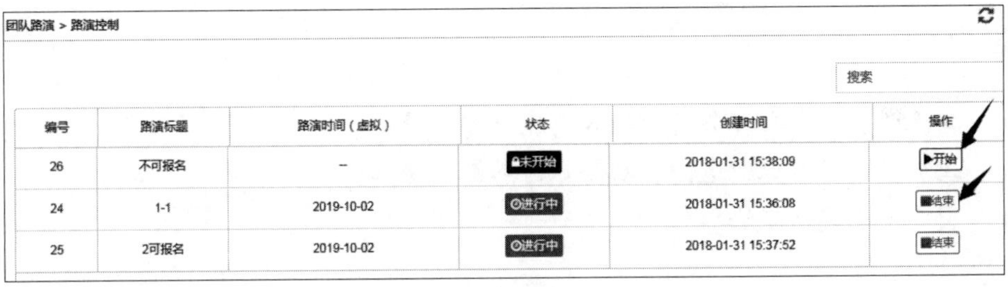
团队路演 > 路演控制
搜索
编号
路演标题
路演时间（虚拟）
状态
创建时间
操作
26
不可报名
--
未开始
2018-01-31 15:38:09
开始
24
1-1
2019-10-02
进行中
2018-01-31 15:36:08
结束
25
2可报名
2019-10-02
进行中
2018-01-31 15:37:52
结束

图 7-39　“路演控制”界面

（2）查看路演投票。在工作界面“团队路演”的下拉菜单中，执行“路演投票”命令，打开“路演投票”界面，如图 7-40 所示。单击“操作”栏的“查看”按钮，可查看路演情况以及参加路演投票情况。

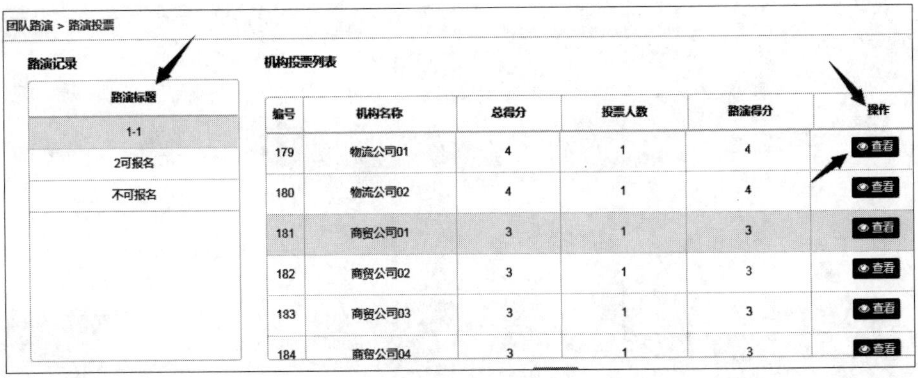
团队路演 > 路演投票
路演记录
路演标题
1-1
2可报名
不可报名
机构投票列表
编号
机构名称
总得分
投票人数
路演得分
操作
179
物流公司01
4
1
4
查看
180
物流公司02
4
1
4
查看
181
商贸公司01
3
1
3
查看
182
商贸公司02
3
1
3
查看
183
商贸公司03
3
1
3
查看
184
商贸公司04
3
1
3
查看

图 7-40　查看路演投票

3. 知识链接

交易服务中心每个季度初可以组织一次路演活动，让经营性组织参与路演并获得加分，制造公司还能增加政府采购和政府拍卖的评标得分。路演活动不是凭空产生的一项活动，需要花费人力和物力，所以交易服务中心要精心组织好路演活动。

模块八　商业银行运营

【知识目标】

- 了解商业银行的部门设置及主要岗位职责
- 了解商业银行各部门的主要业务

【能力目标】

- 能开展商业银行的各项业务

【思政目标】

- 培养学生追求求真务实的科学态度和创新精神
- 培养学生具有职业道德和社会责任感
- 引导学生遵法守法

在虚拟商业环境综合实训平台中，商业银行成员登录商业银行首页，如图 8-1 所示。该首页左上角为操作人员的姓名、部门和职位，正中上方为虚拟时间，右上角为公共按钮栏和"退出"按钮，右下角为操作按钮，蓝色按钮表示本岗位具有该按钮的操作权限，灰色按钮表示本岗位没有该按钮的操作权限。

图 8-1　商业银行首页

在商业银行首页中，把光标指向可操作的按钮，可以查阅每个按钮的功能，单击任意可操作的按钮跳转到工作界面，如图 8-2 所示。

图 8-2 商业银行工作界面

在虚拟商业环境综合实训平台中，商业银行各部门的功能模块和职责说明见表 8-1。

表 8-1 商业银行各部门功能模块和职责说明

部门	操作角色	功能模块		职责说明
		一级菜单	二级菜单	
信贷部	信贷部主管	银行贷款	短期贷款	审批短期贷款申请及查看贷款详情，贷款规则见表 2-6
			长期贷款	审批长期贷款申请及查看贷款详情，贷款规则见表 2-6
业务部	业务部主管	柜台业务	银行开户	开业企业办理银行开户
			银行查账	进行企业银行查账业务
			银行转账	进行企业银行转账业务
	柜台业务员	柜台业务		操作权限参考业务部主管权限
其他	行长	全部		行长可操作所有模块功能
		综合业务	参数管理	配置贷款参数，具体见图 8-3

商业银行负责人在需要的时候可以修改参数信息，包括短期贷款利率、短期贷款额度占比、长期贷款利率、长期贷款额度占比参数。

在商业银行首页中，单击右下角"综合业务"按钮，执行"参数管理"命令，打开"参数管理"界面，负责人根据需要修改参数，单击"保存"按钮保存信息，如图 8-3 所示。

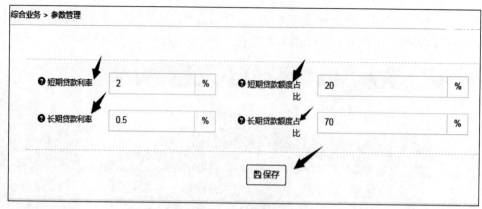

图 8-3　银行参数管理

商业银行业务部业务

项目一　业务部业务

一、银行开户业务

1. 工作表述

银行柜台工作人员需为企业提供开户业务。

2. 工作指引

（1）进入银行开户。在商业银行首页中，单击右下角"柜台业务"按钮，执行"银行开户"命令，打开"银行开户"界面，如图 8-4 所示。单击"开户"按钮，弹出图 8-5 所示界面。

编号	开户公司	银行账户	账户金额（元）	开户行名称	开户时间	状态
177	制造公司01	20180112100337792098	0.00	商业银行	2018-01-12 10:03:37	已开户
178	制造公司02	20180112100343852388	19,893,760.00	商业银行	2018-01-12 10:03:43	已开户
179	制造公司03	20180112100348639305	10,000,000.00	商业银行	2018-01-12 10:03:48	已开户
180	制造公司04	20180112100353363533	10,000,000.00	商业银行	2018-01-12 10:03:53	已开户

图 8-4　"银行开户"界面

（2）银行开户业务办理。选择开户机构，单击"保存"按钮后即可开户成功。公司开业需在工商及税务登记后到银行办理开户业务。

3. 知识链接

（1）开户所需材料包括证明文件、开户申请书、信息采集表、合同、单位公章、经办及主管签章。

（2）证明文件包括营业执照正本、组织机构代码证书、国税/地税登记证正本、法人身份证明、代办人授权书、身份证明、房屋产权证或租赁协议、现金库存申请表。

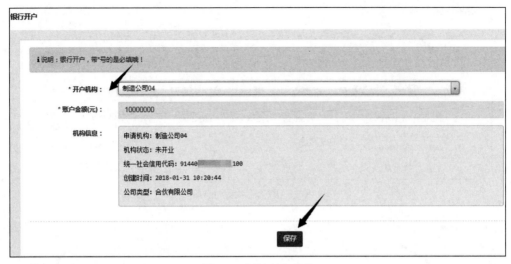

图 8-5　银行开户业务

（3）所有证明文件都需要双份复印件。

（4）注意审核证明文件是否齐全，正本是否真实，期限是否有效，合同内容和信息表填写是否一致。

（5）一个企业只能开立一个基本账户。

二、银行查账业务

1. 工作表述

银行柜台工作人员需为企业提供查账业务。

2. 工作指引

（1）进入银行查账业务。在商业银行首页中，单击右下角"综合业务"按钮，执行"银行查账"命令，打开"银行查账"界面，如图 8-6 所示。

图 8-6　"银行查账"界面

（2）查询明细账。勾选开户公司后，可单击"银行流水明细"按钮查看流水明细，单击"转账明细"查看转账明细。该界面支持输入框搜索功能，如图 8-7 和图 8-8 所示。

图 8-7　银行流水明细查询

编号	付款机构	收款机构	转账金额	转账方向	转账时间（虚拟）	操作人	操作时间	备注
695	供应公司02	物流公司02	+177.60	转入	2018-01-02	xuni0025	2018-02-02 10:41:15	物流运输费用
696	供应公司02	物流公司02	+3,552.00	转入	2018-01-02	xuni0025	2018-02-02 10:41:19	物流运输费用
697	物流公司02	行政服务中心	-74,350.58	转出	2018-01-02	xuni0029	2018-02-02 10:42:36	物流配载发运费用
698	物流公司02	交易服务中心	-175,500.00	转出	2018-01-02	xuni0029	2018-02-02 10:42:40	机构固定资产购买付款

图 8-8　银行转账明细查询

3. 知识链接

在现实中，银行会定期向企业寄送银行对账单。银行对账单是银行客观记录企业资金流转情况的记录单。就银行对账单的概念来说，银行对账单反映的主体是银行和企业，反映的内容是企业的资金，反映的形式是对企业资金流转的记录；就其用途来说，银行对账单是银行和企业之间对资金流转情况进行核对和确认的凭单；就其特征来说，银行对账单具有客观性、真实性、全面性等基本特征。

三、银行转账业务

1. 工作描述

银行柜台工作人员需为企业办理转账业务。

2. 工作指引

（1）进入银行转账业务。在商业银行首页中，单击右下角"综合业务"按钮，执行"发起银行转账"命令，打开"发起银行转账"界面。

（2）转账业务办理。单击"转账"按钮可新增转账信息，单击"查看"按钮查看已经转账的记录。

在"发起银行转账"界面，可选取相关付款机构和收款机构，并填写转账金额及说明，单击"转账"按钮，发起银行转账业务，如图 8-9 所示。

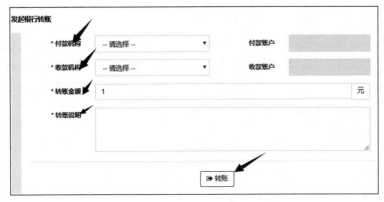

图 8-9 发起银行转账业务

3. 知识链接

银行结算业务即转账结算业务，简称结算，也称支付结算，是以信用收付代替现金收付的业务，是指通过银行账户的资金转移实现收付的行为，即银行接受客户委托代收代付，从付款单位存款账户划出款项，转入收款单位存款账户，以此完成经济之间债权债务的清算或资金的调拨。

项目二　信贷部业务

商业银行信贷部业务

一、短期贷款业务

1. 工作描述

商业银行为企业提供期限为 3 个月、6 个月和 12 个月的短期贷款业务。

2. 工作指引

（1）进入短期贷款业务。在商业银行首页中，单击右下角"银行贷款"按钮，执行"短期贷款"命令，进入短期贷款业务。

（2）短期贷款业务审核。在"短期贷款"界面单击"审核"按钮，可审核贷款是否通过或是否发放贷款。在该界面可以根据贷款企业、申请时间进行查询，如图 8-10 所示。公司如需短期贷款，则在"银行贷款"模块进行贷款申请。

图 8-10　银行短期贷款审核

3. 知识链接

短期贷款是指贷款期限在一年以内（含一年）的贷款。短期贷款一般用于借款人生产、经营中的流动资金需要。短期贷款的优点在于可以随企业的资金需要安排，便于灵活使用，取得程序较为简便，缺点是不能满足企业长久资金的需要。由于短期贷款采用固定利率，企业的利益可能会受利率波动的影响。

二、长期贷款业务

1. 工作表述

商业银行为企业提供长期贷款业务。

2. 工作指引

（1）进入长期贷款业务。在商业银行首页中，单击右下角"银行贷款"按钮，执行"长期贷款"命令，进入长期贷款业务。

（2）长期贷款业务审核。在"长期贷款"界面单击"审核"按钮，可审核贷款是否通过或是否发放贷款，支持根据贷款企业、申请时间进行查询，如图 8-11 所示。公司如需长期贷款，则可在"银行贷款"模块进行贷款申请。

图 8-11　银行长期贷款审核

3. 知识链接

长期贷款一般指企业向银行或其他金融机构借入的期限在一年以上（不含一年）或超过一年的一个营业周期的各项借款。长期贷款按用途可分为固定资产投资借款、更新改造借款、科技开发和新产品试制借款。长期贷款按是否需要担保可分为信用贷款和抵押贷款，信用贷款指不需企业提供抵押品，仅凭其信用或担保人信誉而发放的贷款；抵押贷款是指要求企业以抵押品作为担保的贷款。长期贷款的抵押品常是房屋、建筑物、机器设备、股票、债券等。在虚拟商业环境中，长期贷款为抵押贷款。

模块九　会计师事务所运营

【知识目标】

- 了解会计师事务所的部门设置及主要岗位职责
- 了解会计师事务所各部门的主要业务

【能力目标】

- 能开展会计师事务所的各项业务

【思政目标】

- 培养学生的社会责任感
- 树立学生的法治精神
- 引导学生诚实守信、爱岗敬业

在虚拟商业环境综合实训平台中，交易服务中心负责人登录交易中心首页，如图 9-1 所示。该首页左上角为操作人员的姓名、部门和职位，正中上方为虚拟时间，右上角为公共按钮栏和"退出"按钮，右角为操作按钮，蓝色按钮表示本岗位具有该按钮的操作权限，灰色按钮表示本岗位没有该按钮的操作权限。

图 9-1　会计师事务所首页

在会计师事务所首页中，把光标指向可操作的按钮，可以查阅每个按钮的功能，单击任意可操作的按钮跳转到工作界面，如图 9-2 所示。

图 9-2 会计师事务所工作界面

在虚拟商业环境综合实训平台中，交易服务中心各部门的功能模块和职责说明见表 9-1。

表 9-1 会计师事务所各部门的功能模块和职责说明

部门	操作角色	功能模块		职责说明
		一级菜单	二级菜单	
审计部	审计部经理	审计业务	审计业务	为企业办理审计业务
财务咨询部	财务咨询部经理	财务业务	代理记账	为企业办理代理记账业务
			财务咨询	为企业提供财务咨询服务
税务代理部	税务代理部经理	税务业务	税务代理	为企业办理代理税务业务
其他	所长	全部		所长可操作所有模块功能

审计业务运作

项目一　审计业务运作

一、工作描述

会计师事务所需为企业提供审计业务。审计业务为线下操作业务，线上功能为拟定审计业务合同内容，服务费用为 5000 元。

二、工作指引

1. 进入审计业务

在会计师事务所首页中，单击"审计业务"按钮，进入审计业务。

2. 新增审计业务

进入"审计业务"界面（图9-3），单击"+申请"按钮新增审计业务。

图9-3 "审计业务"界面

可根据新增审计单位信息填列相关内容，服务费为5000元，如图9-4所示。

图9-4 新增代理审计单位信息

3. 审计业务查询与报送

在"审计业务"界面根据委托企业、申请时间进行查询，单击"查询"按钮即可查看合同，审核无误之后单击"发送报告"按钮发送报告。

三、知识链接

会计师事务所执行年度会计报表审计业务主要分为以下四个步骤。

1. 审计计划阶段

注册会计师在调查、了解被审计单位的基本情况后，与委托人签订审计业务约定书，并编制审计计划。

2. 审计实施阶段

（1）明确审计目标。

（2）实施审计程序。审计程序包括符合性测试程序和实质性测试程序。

3. 完成审计工作阶段

（1）审核关联交易。关注期后事项，评估被审计单位持续经营能力。

（2）向委托人提出调整会计报表的建议。在编制审计报告之前，注册会计师会向被审计单位介绍审计情况。对于在审计过程中发现的不符合会计准则及相关会计法规，需要调整会计报表的重大事项，以书面形式提出调整会计报表的建议。

（3）处理未调整事项。被审计单位未采纳调整建议时，注册会计师会对未接受调整事项进行整理，进行书面记录（包括未接受的理由），并根据未调整事项的性质和重要程度，确定是否在审计报告中予以反映，以及如何反映。

（4）审计总结。注册会计师在完成审计外勤工作后，会根据获取的审计证据撰写审计总结，概括地说明审计计划的执行情况以及审计目标是否实现。

（5）索取被审计单位管理当局的声明书。

4. 出具审计报告阶段

注册会计师在实施了必要的审计程序后，对会计报表实施总体性复核，并按照《独立审计具体准则》的要求，以经过核实的审计证据为依据，形成审计意见。

财务咨询与税务代理

项目二　财务咨询与税务代理

一、代理记账业务

1. 工作描述

会计师事务所为需要的企业提供代理记账业务。代理记账实际业务为线下操作业务，线上功能为拟定合同内容，服务费用为 1000 元。

2. 工作指引

（1）进入代理记账业务。在会计师事务所首页中，单击右下角的"财务业务"按钮，执行"代理记账"命令，进入代理记账业务。

（2）新增代理记账业务。在"代理记账"界面，单击"+申请"按钮，新增代理记账业务，如图 9-5 所示。

图 9-5　新增代理记账

可根据新增代理记账单位信息填列相关内容，服务费为 1000 元，如图 9-6 所示。

图 9-6　新增代理记账单位信息

3. 知识链接

代理记账是指会计咨询、服务机构及其他组织等经批准设立从事会计代理记账业务的中介机构接受独立核算单位的委托，代替其办理记账、算账、报账业务的一种社会性会计服务活动。

代理记账的主体是经批准设立从事会计代理记账业务的中介机构，包括会计师事务所、代理记账公司及其他具有代理记账资格的中介机构；代理记账的对象是不具备设置会计机构能力或者在有关机构中未设置专职会计人员的独立核算单位，如小型经济组织、应当建账的个体工商户等；代理记账的内容主要是代替独立核算单位办理记账、算账、报账等业务；代理记账的性质是一种社会性会计服务活动，是会计工作社会化、专门化的表现；代理记账在法律上的表现是通过签订委托合同的方式来明确和规范委托及受托双方的权利义务关系。

二、财务咨询业务

1. 工作描述

会计师事务所为需要的企业提供财务咨询业务。财务咨询业务为线下操作业务，线上功能为拟定合同内容，服务费用为 6000 元。

2. 工作指引

（1）进入财务咨询。在会计师事务所首页中，单击右下角"财务业务"按钮，执行"财务咨询"命令，进入财务咨询业务。

（2）新增财务咨询业务。在"财务咨询"界面，单击"+申请"按钮，新增财务咨询业务，如图 9-7 所示。

图 9-7 新增财务咨询业务

可根据新增财务咨询单位信息填列相关内容，服务费为 6000 元，如图 9-8 所示。

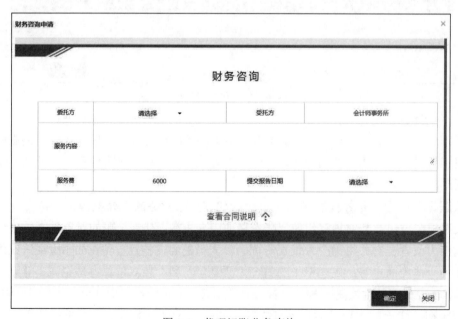

图 9-8 代理记账业务查询

3. 知识链接

财务咨询从理论上说是管理咨询的一种，是指具有财务与会计及相关专业知识的自然人或法人，接受委托向委托人提供业务解答、筹划及指导等服务的行为。

财务咨询的业务范围非常广泛，咨询业务既包括实物性资产咨询、证券性资产咨询，又包括财务主体筹资、投资及日常管理等业务咨询。具体地，在国外，财务咨询业务通常包括财务估价、经营资金与流动资金管理、兼并与收购、投资项目分析、会计制度设计、预算控制、外汇管理等；在国内，财务咨询业务通常包括设计企业内部控制制度、设计会计电算化实施战略、财务分析、代拟经济文书、培训财务会计人员、代理记账、税务代理服务、个人理财帮助、资产评估、投资咨询服务等。

三、税务代理

1. 工作描述

会计师事务所为需要的企业提供税务代理业务。税务代理业务为线下操作业务，线上功能为拟定合同内容，服务费用为 1000 元。

2. 工作指引

（1）进入税务代理业务。在会计师事务所首页中，单击右下角"税务业务"按钮，执行"税务代理"命令，进入税务代理业务。

（2）新增税务代理业务。在"税务代理"界面，单击"+申请"按钮，新增税务代理业务，如图 9-9 所示。

图 9-9 新增税务代理业务

可根据新增税务代理单位信息填列相关内容，服务费为 1000 元，如图 9-10 所示。

3. 知识链接

《中华人民共和国税收征收管理法》中规定，纳税人、扣缴义务人可以委托税务代理人代为办理税务事宜。税务代理人可以接受纳税人、扣缴义务人的委托，进行全面代理、单向代理、临时代理或者常年代理。税务代理关系一经确定，税务代理人就可以在代理范围内从事代理工作。税务代理人可以接受委托，进行代理的事项如下：

（1）办理、变更和注销税务登记。

（2）办理除增值税专用发票外的发票领购手续。

（3）办理纳税申报或扣缴税款报告。

（4）办理缴纳税款和申请退税。

（5）制作涉税文书。

（6）审查纳税情况。

（7）建账建制，办理账务。

（8）税务咨询、受聘税务顾问。

（9）税务行政复议。

（10）国家税务总局规定的其他业务。

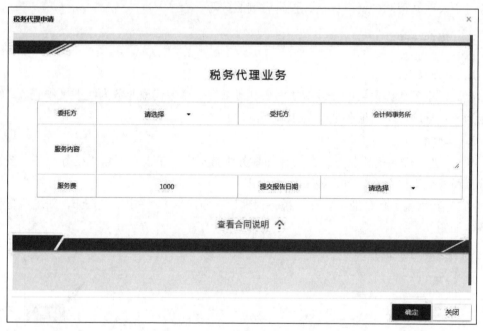

图 9-10　新增税务代理单位信息

模块十　物流公司运营

【知识目标】

- 掌握物流公司的运营流程
- 了解货物运输合同签订的注意事项，规范货物运输合同的签订
- 掌握仓储管理
- 掌握运输调度管理

【能力目标】

- 能模拟经营一个物流公司
- 能签订货物运输合同
- 能进行仓储管理
- 能进行运输调度

【思政目标】

- 培养学生实践能力，加强爱岗敬业、诚实守信、服务客户的意识，加强沟通的职业道德素养
- 自觉践行物流行业的职业精神和职业规范
- 培养学生重视整体利益，团结一心，等中华传统美德
- 加强节约意识和时效意识

在虚拟商业环境综合实训平台中，物流公司主要开展物流运输、仓储服务业务，总经理登录后进入公司首页，如图 10-1 所示。

图 10-1　物流公司首页

在物流公司首页中,把光标指向可操作的按钮,可以查阅每个按钮的功能,单击任意可操作的按钮跳转到工作界面,如图 10-2 所示。

图 10-2   物流公司工作界面

在虚拟商业环境综合实训平台中,物流公司的业务模块和职责说明见表 10-1。

表 10-1   物流公司的业务模块和职责说明

业务模块	业务清单	职责说明
市场业务	市场开拓	开拓市场
	货物揽收	揽收订单
仓库管理	仓库出租	原材料仓库出租
	揽收入库	成品揽收入库
	发运出库	成品发运出库
	固定资产	采购固定资产(主要指仓库购买)
运输调度	车辆管理	购买与租赁车辆
	运输计划	制作运输计划
	配载发运	发运订单
人事管理	档案管理	查看企业员工档案
	薪资社保	结算薪资社保
	人员招聘	招聘人员
财务管理	应收款管理	查询应收款项
	应付款管理	查询应付款项
	发票管理	查询发票情况
	银行贷款	办理银行贷款业务

续表

业务类型	业务清单	操作说明
财务管理	工资发放	审核发放工资
	营业费用	结算营业费用
	纳税申报	申报企业纳税
	资产管理	查看资产状况及资产折旧
	财务报表	填写资产负债表、利润表及成本核算表

人事管理与财务管理业务请参考模块十二的模块十三。

项目一　市场开发与管理

物流公司市场
开发与管理

一、市场开拓

1. 工作描述

本项目设定物流公司本部在东部（上海），所以东部市场默认已经开发完毕，如果物流公司需要到其他区承揽业务，必须要先进行市场开发，市场开发具体规则见模块二的规则部分。是否要开发新的市场主要取决于公司的发展战略和对市场需求评估。物流公司的市场业务主要包括承揽货物运输和提供仓储服务。

进行市场开拓前需要具备的相应条件如下：

（1）购买办公室和仓库。

（2）招聘仓管员和仓储主管。

（3）支付相应开拓费用。

2. 工作指引

（1）在物流公司工作界面，单击"市场业务"按钮，执行"市场开拓"命令，进入"市场开拓"界面，如图 10-3 所示。

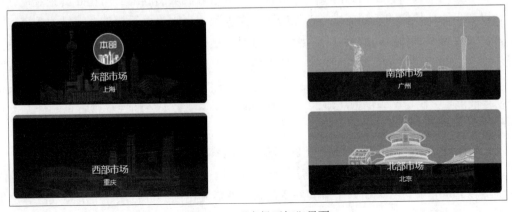

图 10-3　"市场开拓"界面

（2）在"市场开拓"界面中单击需要开拓的市场，进入图 10-4 所示界面。之后确认是否已经具备空闲的仓库和仓管人员，如没有则需要购买仓库资料和招聘仓管人员。开拓市场需要不动产作为成品仓库，需求数量为 1；人员需要仓储主管、仓管员，数量各为 1，当剩余数量满足要求后，单击"开拓"按钮，可以成功开拓该市场。

图 10-4　市场开拓资产和人员配置

3. 知识链接

在进行市场开拓前，需要对市场的供求情况进行调研，并预测未来的运输和仓储服务需求，然后再评估是否需要开拓该市场。

（1）预测市场运输需求。运输需求指在一定的时期内和一定价格水平下，社会经济生活中货物空间位移方面所提出的具有支付能力的需要。

运输需求要素主要如下：

1）流量：运输需求量。

2）流向：客货流的空间走向、产生地和消费地。

3）流程：运输距离。

4）流时：运送时间。

5）流速：送达速度。

在进行运输需求预测前，需要对于市场内产生运输需求的制造公司和商贸企业进行调研，以初步估计他们的运输需求。常见的运输需求预测为因果关系模型，因果关系模型的基本出发点是经济变量间的相互依存性，通过对历史数据的详细分析，揭示出运输需求同经济变量之间的数量关系，以便预测未来的运量。

因果关系模型的优点：在数据信息充分完备的条件下，预测精度较高且可分析不同因素对运量的影响。因果关系模型的缺点：自变量或外生变量未来值的选择带有预测性，进而影响预测准确性。

运输需求主要的预测方法：产值系数法、产运系数法、回归分析法、重力模型法。

（2）预测市场仓储需求。仓储需求预测同运输市场需要预测一样，需要先对市场内的制造和商贸企业进行调研，了解其基本需求，然后利用回归分析法、平滑系数法等定量预测方法进行预测。

二、货物揽收

1. 工作描述

货物揽收是指物流公司业务人员承揽原材料、产成品或设备的运输业务。揽收完成后，需要先进行揽收入库，才可以安排运输。

2. 工作指引

（1）线下签订货物运输合同。在揽收货物之前需要签订货物运输合同，合同载明托运时间、规定送达时间、目的地、运费等事项。需要注意，运输目的为商贸公司的仓库，或商贸公司租用的物流公司仓库，否则将会导致运输货物无法交货。

（2）线下要求托运方（制造公司、商贸公司或者供应商）将运输需求录入系统。

（3）执行"市场业务"下拉菜单中的"货物揽收"命令，进入图10-5所示界面，单击"查看"按钮查询之前的揽货情况，如图10-6所示。

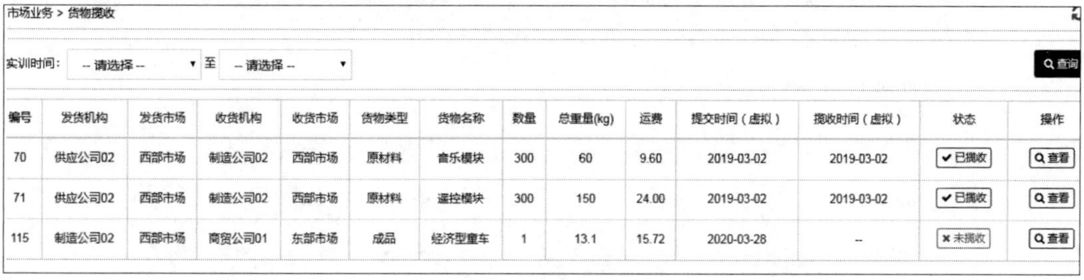

图10-5 "货物揽收"界面

图10-6 查询揽货情况

（4）如果订单状态为"未揽收"（图10-7），则单击"查看"按钮打开"货物揽货"操作界面，在其中进行货物揽收操作，如图10-8所示。

3. 知识链接

货物运输合同，即通常所说的货运合同，是委托人将需要运送的货物交给承运人，由承运人按委托人的要求将货物运送到指定地点交付给委托人或者收货人，并由委托人或收货人支付运费的合同。

图 10-7 订单操作部分

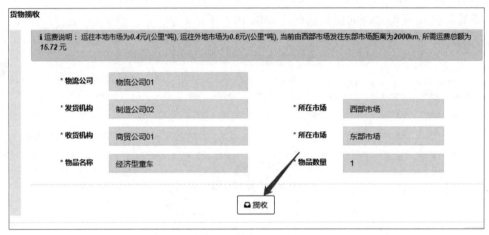

图 10-8 "货物揽收"操作界面

物流公司仓储管理

项目二 仓 储 管 理

一、仓库出租

1. 工作描述

仓库出租是指将物流公司的仓库租赁给商贸公司、供应商等公司使用，并负责对承租方的货物提供保管服务，收取一定租金。仓储服务费参考报价见表 10-2。

表 10-2 仓储服务费参考报价

存货名称	计量单位（每季度）	仓储费
原材料	元/件	0.5
产成品	元/辆	4

注：仓储服务费仅区分类型收费，仓储服务费在实际收取中可以根据市场情况在±20%的浮动范围内收取。

2．工作指引

（1）线下签订货仓库租赁合同。在仓库租赁合同中应载明出租期限、需储存的物品、租金、违约金等。

（2）线下要求承租方（制造公司、商贸公司或者供应商）将租赁需求录入系统。

（3）审核租赁方的租赁需求。执行"仓储管理"下拉菜单中的"仓库出租"命令进入图 10-9 所示界面。单击"审核"按钮，进行审核。

编号	承租机构	仓库名称	仓库类型	申请时间（虚拟）	租赁到期时间（虚拟）	创建时间	审核状态	操作
38	供应公司01	仓库8	原材料仓	2020-03-28	2027-12-28	2018-03-13 10:21:26	⊘未审核	⚒审核
33	供应公司02	K仓库	原材料仓	2019-01-02	2027-12-28	2018-01-26 16:28:31	⚒通过	—
32	供应公司02	H仓库	原材料仓	2019-01-02	2027-12-28	2018-01-26 16:25:07	⚒通过	—
31	商贸公司01	AAAA	成品仓	2019-01-02	2027-12-28	2018-01-26 15:30:31	⚒通过	—
30	供应公司01	1号仓库	原材料仓	2019-01-02	2027-12-28	2018-01-26 14:21:42	⚒通过	—

图 10-9　"仓库出租"界面

3．知识链接

仓库租赁合同是为了保护租赁双方合法权益而签订的协议。在"仓库出租"界面下，执行"审核"→"查看合同说明"命令，系统将弹出"仓库租赁合同"界面。

二、揽收入库

1．工作描述

揽收入库是指将托运方或者承租方的货物入库到指定仓库，以便为后续的运输或仓储服务做准备。

2．工作指引

执行"仓储管理"下拉菜单中的"揽收入库"命令，查看已经到达货物，如图 10-10 所示。在"揽收入库"界面单击"揽收入库"按钮进入图 10-11 所示的界面，进行揽收确认。注意在托运方或承租方将货物出库后，物流公司方可进行揽收入库查询。

编号	发货机构	发货市场	收货机构	收货市场	货物类型	货物名称	数量	总重量(kg)	运费	提交时间（虚拟）	揽收时间（虚拟）	状态	操作
70	供应公司02	西部市场	制造公司02	西部市场	原材料	音乐模块	300	60	9.60	2019-03-02	2019-03-02	✔已揽收	Q查看
71	供应公司02	西部市场	制造公司02	西部市场	原材料	遥控模块	300	150	24.00	2019-03-02	2019-03-02	✔已揽收	Q查看
115	制造公司02	西部市场	商贸公司01	东部市场	成品	经济型童车	1	13.1	15.72	2020-03-28	--	✘未揽收	🔒揽收入库

图 10-10　"揽收入库"界面

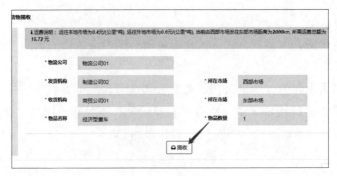

图 10-11　揽收确认

三、发运出库

1. 工作描述

发运出库是指托运方或承租方的货物出库。如果发运出库后直接安排车辆则发运出库为直接发运模式，在该模式下无需安排运输计划。如需按照物流运输计划安排货物发运，需通过"物流管理"界面中"配载发运"功能进行操作。

2. 工作指引

执行"物流管理"下拉菜单中的"发运出库"命令，进入"发运出库"界面，如图 10-12 所示。在订单列表中，可根据订单的状态查看发运情况。如显示为"已发运"，则可单击"查看"按钮查看订单情况；如显示为"未发运"，则可单击"发运"按钮进行发运操作，如图 10-13 所示。

发货机构	发货市场	收货机构	收货市场	货物类型	货物名称	数量	总重量(kg)	运费	揽收时间（虚拟）	状态	操作
供应公司02	西部市场	制造公司01	东部市场	原材料	电源适配器	150	45	54.00	2019-01-02	✔已发运	🔍查看
供应公司02	西部市场	制造公司01	东部市场	原材料	音乐模块	150	30	36.00	2019-01-02	✔已发运	🔍查看
供应公司02	西部市场	制造公司01	东部市场	原材料	遥控模块	150	75	90.00	2019-01-02	✔已发运	🔍查看
供应公司02	西部市场	制造公司01	东部市场	原材料	车身	1	10	12.00	2019-01-02	✖未发运	🔍发运
制造公司01	东部市场	商贸公司01	东部市场	成品	经济型童车	100	1310	209.60	2019-03-02	✔已发运	🔍查看

图 10-12　"发运出库"界面

图 10-13　发运操作

四、库存台账查询

1. 工作描述

库存台账查询是对仓库里储存的原材料和产成品进行查询，以了解仓库的库存情况。

2. 工作指引

执行"仓库管理"下拉菜单中的"库存台账"命令，在打开的界面中单击"库存台账"按钮后可以根据机构名称进行查询，也可以根据货物名称进行查询，如图 10-14 和图 10-15 所示。

图 10-14　根据机构名称查询

图 10-15　根据公司名称查询

五、固定资产管理

1. 工作描述

物流公司固定资产的内容包括办公楼、仓库、车辆等，操作的类型包括购买和租赁两种操作。

2. 工作指引

（1）执行"仓库管理"下拉菜单中的"固定资产采购"命令，进入图 10-16 所示的"固定资产采购"界面。

（2）根据需要，单击图 10-16 中的"购买"或者"租赁"按钮，进入对应的操作界面，如图 10-17 和图 10-18 所示。

图 10-16 "固定资产采购"界面

（3）单击"购买"按钮，进入"固定资产采购合同"界面，单击"新增"按钮，则可以根据需要选择相应的固定资产，并支付相应款项。注意，如果购买的是运输车辆，则默认车辆买回来停在公司总部所在地。

图 10-17 购买固定资产

（4）单击"租赁"按钮，进入"固定资产租赁合同"界面，单击"新增"按钮，则可租赁对应资产，并支付租金。

图 10-18 租赁固定资产

物流公司运输调度管理

项目三　运输调度管理

一、车辆管理

1. 工作描述

车辆管理是根据运输需求将物流公司所有的车辆安排到运输计划中的操作。添加车辆信息，可在运输计划中使用该汽车安排运输计划。

2. 工作指引

执行"物流管理"下拉菜单中的"车辆管理"命令，进入图 10-19 所示的操作界面，单击"新增"按钮，可新增车辆到本次运输计划安排中。

图 10-19 添加运输排班车辆

二、制订运输计划

1. 工作描述

运输计划是根据客户的运输需求合理地安排运输车辆，规划运输路线，以实现既满足客户运输需求，又节约运输成本的目的。在项目中，运输排班的基本规则见表 10-3 和表 10-4。

表 10-3 各运输线路耗费时间 单位：天

	东	西	南	北
东	2	5	4	4
西	5	2	4	4
南	4	4	2	5
北	4	4	5	2

表 10-4 卡车运力

车型	载重/千克
卡车 A	5000
卡车 B	10000

注：由于在项目中运输物品不属于轻泡类产品，所以不考虑车辆的体积限制，只考虑重量限制。

运输计划每月排一次，每辆卡车每月运输安排时间最长为 27 天；每一辆添加到运输计划的卡车均可进行运输计划安排。只要车辆选择的路线不超过 27 天，则车辆的运输路线计划都是可行的，否则不可行，系统将提示无法保存。如卡车 A001，规划的运输路线为东→西→南→北，则耗费的时间为 5+4+5=14 天，可行，但未完全利用车辆的运输能力，可以增加运输路线。如卡车 A002，路线为东→西→南→北→北→西→东→西，则耗费的时间为 5+4+5+2+4+5+5=30 天，超出最大可利用时间，需要缩短运输路线。

2. 工作指引

（1）单击"运输计划"按钮，查看可供排班的车辆信息，如图 10-20 所示。

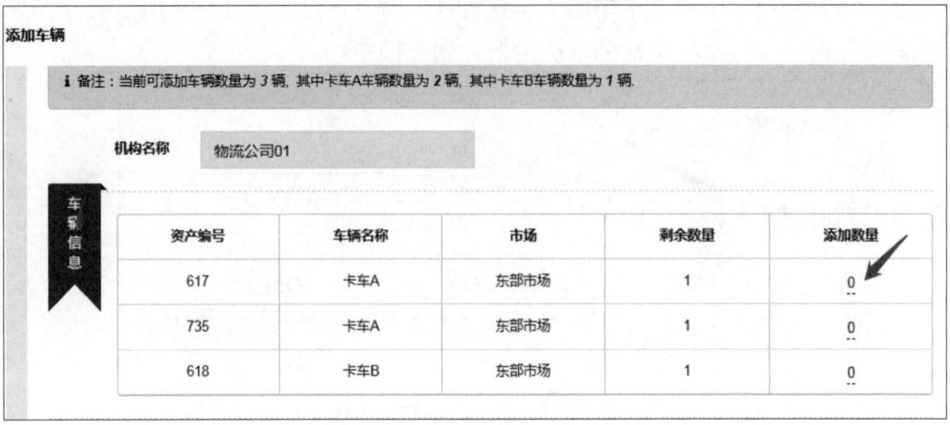

图 10-20　查看可用运输车辆

（2）单击"制定运输计划"按钮，添加运输计划。要根据运输需求为每辆运输车辆安排运输路线。在配载发运前可随时删除、修改运输计划，如图 10-21 所示。

图 10-21　制订运输计划

在制订运输计划过程中，单击图 10-21 中的"运输需求"按钮，可查看物流订单的需求情况，如图 10-22 所示。

在制订运输计划过程中需要注意，车辆的运载能力与运输需求的匹配。如果某个方向上，运输需求超过运输计划中车辆的运载能力总量，则配载发运会提示不成功。例如：在运输需求中，有 3 笔东→西的成品运输需求，重量分别 4000 千克、3000 千克、9000 千克，而安排的运输车辆只有卡车 A 和卡车 B 各一辆，则运输需求是 4000+3000+9000=16000 千克，而车辆运载能力只有 5000+10000=15000 千克，则后续会出现无法配载的情况。

运输需求(点击查看)

序号	起运点	到货点	揽收重量(kg)	已计划重量(kg)	未计划重量(kg)
1	东部市场	东部市场	0	0	0
2	东部市场	西部市场	0	0	0
3	东部市场	南部市场	0	0	0
4	东部市场	北部市场	0	0	0
5	西部市场	东部市场	0	5000	0
6	西部市场	西部市场	0	0	0
7	西部市场	南部市场	0	0	0
8	西部市场	北部市场	0	0	0
9	南部市场	东部市场	0	0	0
10	南部市场	西部市场	0	0	0
11	南部市场	南部市场	0	0	0

图 10-22　运输需求列表

3．知识链接

运输路径优化的基本目标有两个：运输费用最小和运输时间最短。常用的运输路径优化的方法有节约里程法、最短路径法、图上作业法和表上作业法。

三、配载发运

1．工作描述

配载发运就是在运输计划安排好以后，将货运配载到车辆上，发运到指定目的地。配载发运后，不能再进行货物揽收及发运操作，所以必须在确定所有订单揽收完成后再发运。

2．工作指引

（1）执行"物流管理"下拉菜单中的"配载发运"命令，进入"配载发运"界面，查看配载发运任务，如图 10-23 所示。

配载发运

搜索

实训时间	实施状态	实施人	实施时间	操作
2018-01-02	✔已实施	xuni0030	2018-02-01 18:28:05	Q查看
2018-02-02	✖未实施	--	--	
2018-03-02	✖未实施	--	--	
2018-04-02	✖未实施	--	--	🚚发运

图 10-23　查看配载发运任务

（2）单击"发运"按钮，进入发运界面，如图 10-24 所示。如果所有运输线路都显示可行，则可以直接发运；如果某个线路如运输订单量超过运载能力，提示不可行，则无法发运，需要重新安排运输计划。

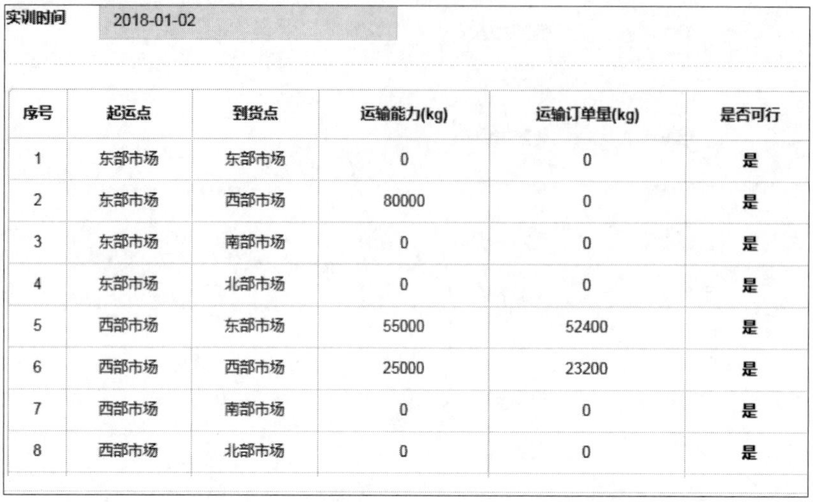

实训时间	2018-01-02				

序号	起运点	到货点	运输能力(kg)	运输订单量(kg)	是否可行
1	东部市场	东部市场	0	0	是
2	东部市场	西部市场	80000	0	是
3	东部市场	南部市场	0	0	是
4	东部市场	北部市场	0	0	是
5	西部市场	东部市场	55000	52400	是
6	西部市场	西部市场	25000	23200	是
7	西部市场	南部市场	0	0	是
8	西部市场	北部市场	0	0	是

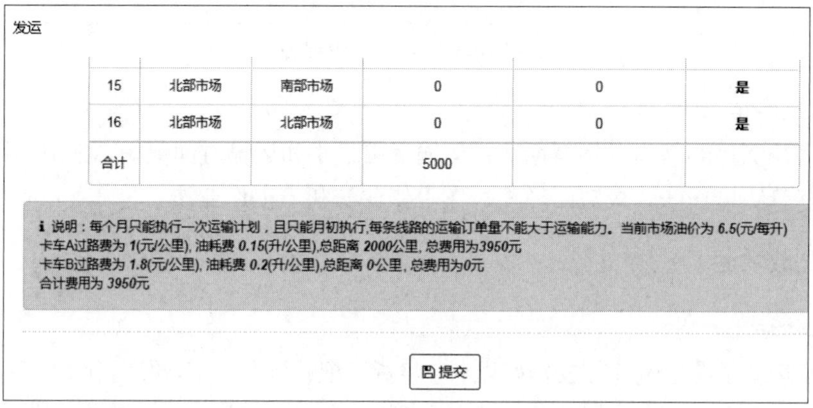

发运

15	北部市场	南部市场	0	0	是
16	北部市场	北部市场	0	0	是
合计				5000	

> **i** 说明：每个月只能执行一次运输计划，且只能月初执行，每条线路的运输订单量不能大于运输能力。当前市场油价为 6.5(元/每升)
> 卡车A过路费为 1(元/公里)，油耗费 0.15(升/公里)，总距离 2000公里，总费用为3950元
> 卡车B过路费为 1.8(元/公里)，油耗费 0.2(升/公里)，总距离 0公里，总费用为0元
> 合计费用为 3950元

[提交]

图 10-24　配载发运

模块十一　人才交流中心运营

【知识目标】

- 了解人才交流中心的部门设置及主要岗位职责
- 了解人才交流中心各部门的主要业务

【能力目标】

- 能开展人才交流中心的各项业务

【思政目标】

- 培养学生积极的竞争意识和正确的用人观
- 培养学生良好的职业操守和社会责任感

在虚拟商业环境综合实训平台中，人才交流中心成员登录人才交流中心首页，如图 11-1 所示。该首页左上角为操作人员的姓名、部门和职位，正中上方为虚拟时间，右上角为公共按钮栏和"退出"按钮，右下角为操作按钮，蓝色按钮表示本岗位具有该按钮的操作权限，灰色按钮表示本岗位没有该按钮的操作权限。

图 11-1　人才交流中心首页

在人才交流中心首页中，把光标指向可操作的菜单，可以查阅每个按钮的功能，单击任意可操作的按钮跳转到工作界面，如图 11-2 所示。

图 11-2　人才交流中心工作界面

在虚拟商业环境综合实训平台中，人才交流中心各部门的功能模块和职责说明见表 11-1。

表 11-1　人才交流中心各部门的功能模块和职责说明

部门	操作角色	功能模块		职责说明
		一级菜单	二级菜单	
招聘业务部	招聘业务部主管	人才招聘	招聘计划	审核企业招聘订单并派遣员工
			招聘执行	查看企业招聘信息
培训业务部	培训业务部主管	人才培训	培训计划	审核企业员工培训计划并组织培训
			培训执行	完成培训操作
其他	中心主任	全部		中心主任可操作所有模块功能

项目一　招聘业务部运作

招聘业务部运作

一、审核招聘计划

1. 工作描述

人才交流中心需提前 3 个月通过执行首页"信息中心"下拉菜单中的"组织发件箱"命令，发布各组织每个岗位可以招聘的最大人数限制。各组织根据人才供应信息，结合本组织的人才需求计划，向人才交流中心提交招聘申请，人才交流中心收到申请 1 个月后给予审核，并派遣人员。

2. 工作指引

在人才交流中心工作界面，执行"人才招聘"下拉菜单中的"招聘计划"命令，弹出图 11-3 所示的界面。单击右侧"操作"栏的"审核"按钮进入审核界面，查看招聘人数没有超过市场平均供应人数后，单击"确定"按钮，如图 11-4 所示。企业提交的人才招聘申请，如果要求马上到岗，表示他们急需人才，但按照规则，在企业提交申请后的一个月，人才交流中心才能进行订单审核，审核通过后，招聘人员可到岗。

编号	招聘标题	招聘机构	总费用	申请时间(虚拟)	预期到岗时间(虚拟)	创建时间	操作
191	又招聘了	制造公司01	600	2018-12-28	2018-12-28	2018-01-26 11:39:34	审核
197	zzz	商贸公司01	6000	2018-12-28	2018-12-28	2018-01-26 12:01:20	审核
214	z	制造公司02	600	2019-03-02	2019-03-02	2018-01-27 15:53:43	审核

人才招聘 > 招聘计划

申请时间： －请选择－ 至 －请选择－ 查询

图 11-3 "招聘计划"界面

招聘信息

* 招聘标题 又招聘了   预期到岗时间 2018-12-28

招聘信息

序号	岗位名称	招聘人数	招聘费用(每人)	总价(元)	税率	税额(元)
1	初级工人	1	600.00	600.00	6%	36.00
合计	—	1	—	600.00	—	36.00

确定

图 11-4 审核招聘计划

3. 知识链接

制造公司的初级工人没有招聘上限，其他岗位的人员，会受市场人才供给数量的限制。人才交流中心进行人员分配时，应优先满足申请人数等于或少于市场平均供给人数的组织，如果月末某些岗位有公司弃权，当该岗位供应人员有剩余时，可以按照招聘计划提交的先后顺序派遣给其他公司。

二、查询招聘执行

1. 工作描述

人才交流中心可以查询招聘执行情况。

2. 工作指引

在人才交流中心工作界面，执行"人才招聘"下拉菜单中的"招聘执行"命令，可查看招聘执行信息，如图 11-5 所示。在该界面中可以输入招聘的时间区间查询招聘信息，直接单击"招聘标题"可查看详情。

编号	招聘标题	招聘机构	总费用	申请时间(虚拟)	预期到岗时间(虚拟)	实际到岗时间(虚拟)	创建时间
182	【制造公司01】机构开业人员招聘	制造公司01	4200	2018-01-02	2018-01-02	2018-01-02	2018-01-12 10:04:47
183	【商贸公司01】机构开业人员招聘	商贸公司01	3000	2018-01-02	2018-01-02	2018-01-02	2018-01-12 10:16:05
184	【商贸公司02】机构开业人员招聘	商贸公司02	3000	2018-01-02	2018-01-02	2018-01-02	2018-01-12 10:16:11
185	【商贸公司03】机构开业人员招聘	商贸公司03	3000	2018-01-02	2018-01-02	2018-01-02	2018-01-12 10:17:03
186	【商贸公司04】机构开业人员招聘	商贸公司04	3000	2018-01-02	2018-01-02	2018-01-02	2018-01-12 10:17:10

图 11-5　查询招聘执行信息

3. 知识链接

查询招聘信息了解各组织的招聘需求情况，以便更好地制订人才供应计划。工作中为了更好地帮助相关组织掌握招聘信息，也需要查询招聘执行详情。

培训业务部运营

项目二　培训业务部运营

一、审核培训计划

1. 工作描述

培训工作主要面向制造公司工人的升级培训，初级工人培训后可以晋升为中级工人，中级工人培训后可以晋升为高级工人。

2. 工作指引

在人才交流中心工作界面，执行"人才培训"下拉菜单中的"培训计划"命令，打开"培训计划"界面，如图 11-6 所示。选择培训项目并单击右侧"操作"栏的"组织培训"按钮，核对信息无误后，单击"开始培训"按钮。

编号	发起机构	培训标题	培训人员	总费用（元）	计划培训周期（虚拟）	发起时间（虚拟）	创建时间	状态	操作
30	制造公司01	培训	初级工人（128人）	51200	2019-07-02 至 2019-08-02	2019-07-02	2018-01-30 11:02:21	✖未开始	▢组织培训
31	制造公司01	100000	初级工人（100000人）	40000000	2019-07-02 至 2019-08-02	2019-07-02	2018-01-30 11:02:38	✖未开始	▢组织培训
36	制造公司02	d	中级工人（2人）	1600	2020-03-28 至 2020-04-28	2020-03-28	2018-03-14 18:01:52	✖未开始	▢组织培训

图 11-6　审核培训计划

3. 知识链接

培训分为脱产培训和在职培训，因为在职培训在制造公司进行，人才交流中心需要派遣培训师到制造公司，需要额外承担差旅费、食宿费等，所以在职培训的费用比脱产培训的费用高。

二、培训实施

1.工作描述

培训时间一般为一个月，培训时间结束之后，人才交流中心确定完成培训，制造公司的工人可以晋级。

2.工作指引

在人才交流中心工作界面，执行"人才培训"下拉菜单中的"培训实施"命令，打开"培训实施"界面，如图 11-7 所示。在此界面可查看培训状态，培训状态有两种，分别为"正在培训"和"已完成"，如果培训时间已到，"操作"栏显示"完成培训"按钮，单击该按钮即可完成培训。

编号	发起机构	培训标题	培训人员	总费用（元）	实际培训周期（虚拟）	发起时间（虚拟）	创建时间	状态	操作
32	制造公司03	001	初级工人（30人）	12000	2018-03-02 至 2018-03-02	2018-03-02	2018-02-02 15:46:14	⦿ 已完成	–
33	制造公司01	165	初级工人（20人）	8000	2018-03-02 至 2018-03-02	2018-03-02	2018-02-02 16:05:09	⦿ 已完成	–

图 11-7　培训实施

3.知识链接

只有培训时间到了，才会显示"完成培训"按钮。

项目三　人才外包服务

人才外包服务

一、外包管理

1.工作描述

当市场的人才供应不能满足企业的招聘要求时，人才交流中心可以为企业提供人才外包服务，按月收取一定的服务费。

2.工作指引

在人才交流中心工作界面，执行"人才外包"下拉菜单中的"外包计划"命令，打开"外包计划"界面，如图 11-8 所示，可以按照时间区间查询企业的人才外包计划。单击右侧"操作"栏的"审核"按钮，审核批准企业的外包申请信息，如图 11-9 所示。单击外包标题可查看外包详情。

图 11-8　"外包计划"界面

图 11-9　审核外包计划

3. 知识链接

人才交流中心的人才外包服务根据企业的申请，提供满足企业岗位要求的人才到企业工作。企业除了支付该岗位人员的工资外，每月还应另外支付一定比例的服务费。

二、查询外包执行情况

1. 工作描述

人才交流中心可以查询人才外包的执行情况。

2. 工作指引

在人才交流中心工作界面，执行"人才外包"下拉菜单中的"外包执行"命令，打开"外包执行"界面，如图 11-10 所示，可以按照时间区间查询已执行的外包信息。单击招聘标题可查看招聘详情。

编号	招聘标题	招聘机构	总费用	申请时间(虚拟)	预期到岗时间(虚拟)	实际到岗时间(虚拟)	创建时间
10	dd	制造公司02	280	2020-03-28	2020-03-28	2020-03-28	2018-03-14 17:40:28

图 11-10　查询人才外包执行情况

3. 知识链接

应即时查询人才外包执行情况，跟进各经营性组织人才外包的人员数量，以便跟进应收人才外包服务费。

模块十二 人事管理

人事管理

【知识目标】

- 了解人事管理的内涵及基本原理
- 掌握人员招聘和录用、培训开发、绩效管理、薪酬管理、劳动关系管理等人事管理职能

【能力目标】

- 能编制招聘计划并合理进行员工招聘
- 能编制培训计划并对员工进行培训
- 能进行薪酬管理
- 能编制劳动合同
- 会进行人事档案管理

【思政目标】

- 培养学生正确的人生观、价值观、人才观
- 引导学生爱岗敬业、诚实守信
- 培养学生公平公正、踏实肯干的品质

项目一 人员招聘

一、工作描述

招聘人员是为了满足企业的人力资源需求，如供应商可以通过招聘采购人员来获得更大的原材料采购能力，以满足日益增长的原材料需求。

二、工作指引

在人事管理工作界面，执行"人事管理"下拉菜单中的"人员招聘"命令，打开"人员招聘"界面，如图12-1所示。单击左上角的"新增"按钮，进入"人才招聘申请"界面。单击"添加"按钮添加需要招聘的人员，填写招聘人数、招聘标题和预期到岗时间，如图12-2所示，单击"申请"按钮，将申请发送到人才交流中心。人才交流中心在提交申请一个月后才可进行审核，审核后人员到岗。

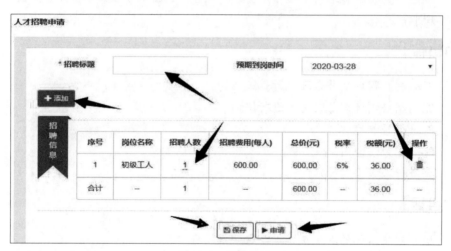

图 12-1　"人员招聘"界面

图 12-2　招聘申请

三、知识链接

人员招聘是组织及时寻找、吸引并鼓励符合要求的人到本组织任职和工作的过程，是组织运作中的一个重要环节。

项目二　人 员 外 包

一、工作描述

人员外包是指经营性公司委托专业公司派出人员到委托方工作，以解决人力资源不足的问题，并由委托方支付服务费的一种服务模式。

二、工作指引

执行"人事管理"下拉菜单中的"人员外包"命令，打开图 12-3 所示的"人员外包"界面，单击"新增"按钮，进入"人员外包申请"界面，如图 12-4 所示。单击"添加"按钮，选择岗位名称、人数，单击"申请"按钮，人员外包申请即会发送到人才交流中心，人才交流中心收到申请后可以立即审批，人员随之到岗。

图 12-3　"人员外包"界面

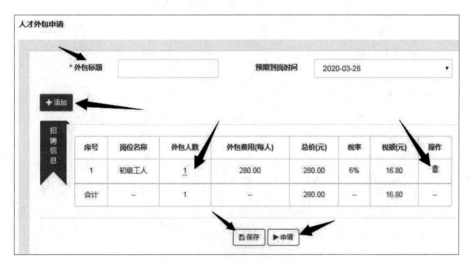

图 12-4　人员外包申请

人员外包需要支付招聘费、中介费及员工工资，其中，中介费和员工工资每个月都需要支付。

三、知识链接

外包是一个战略管理模型，为了解决组织人力不足的困境，可将组织的非核心业务委托给外部的专业公司，以降低运营成本、提高品质、集中人力资源、提高顾客满意度。外包业是新近兴起的一个行业，它给企业带来了新的活力。

项目三　人 员 培 训

一、工作描述

企业为开展业务及培育人才的需要，会采用各种方式对员工进行有目的、有计划的培养和训练。在虚拟商业环境中，人员培训主要面向制造公司的生产工人，分为脱产培训和在产培训。

二、工作指引

（1）脱产培训。执行"人事管理"下拉菜单中的"人员培训"命令，在打开的"人员培训"界面（图 12-5）中单击"新增"按钮，可新增人员培训信息。填写招聘信息，如图 12-6 所示，单击"保存并发送"按钮，培训信息会发往人才交流中心。

图 12-5　人员培训

图 12-6　新增人员培训

人才交流中心接收到培训信息后，会审批、组织培训，人员培训状态会变为"已完成""正在培训""已发送"。

（2）在产培训。执行"人事管理"下拉菜单中的"在产培训"命令，打开"在产培训"界面，如图 12-7 所示，可利用搜索框查询在产培训信息。如果生产排程中需要进行在产培训，则由生产管理部门在生产排程中选择在产培训，由人力资源部进行在产培训审核后发送到人才交流中心。

图 12-7　在产培训

三、知识链接

员工培训按内容来划分，可以分为员工技能培训和员工素质培训。

（1）员工技能培训：是企业针对岗位的需求，对员工进行的岗位能力培训。

（2）员工素质培训：是企业对员工素质方面的要求，主要有心理素质、个人工作态度、工作习惯等的素质培训。

在虚拟商业环境中，培训主要是针对生产工人的技能培训。

项目四　薪资社保管理

一、工作描述

在虚拟商业环境中，供应商人事部应每月核算员工薪酬，具体包括薪资、社保和住房公积金等。

二、工作指引

在人事管理工作界面中，执行"人事管理"下拉菜单中的"薪资社保"命令，打开"薪资社保"界面，如图12-8所示。选择当前月份，单击右侧"操作"栏的"结算"按钮，弹出薪资结算表，按照人员填写应发工资、个人代扣、公司代扣、计税工资、代扣个人所得锐和实发工资等信息，填写无误后单击"结算"按钮，如填写数据正确，可进入结算界面，进行结算。人事部门如果无法正确填写，可直接单击"购买数据"按钮购买所需填写的数据，如图12-9所示。购买数据后，单击"结算"按钮，便可结算当月薪资社保。结算后，可单击"查看"按钮，查看已经结算薪资详情。

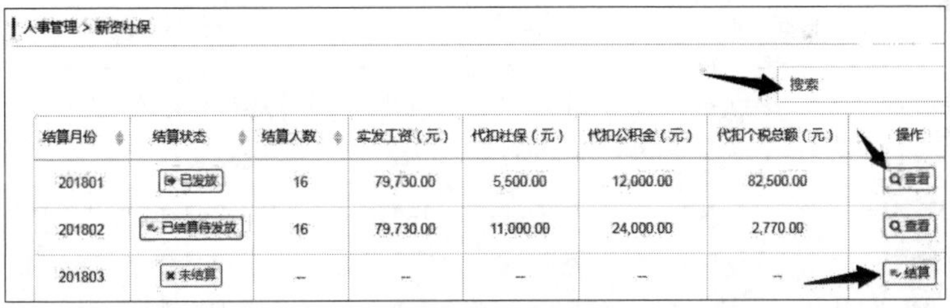

图 12-8　薪资社保

图 12-9　薪资结算

三、知识链接

薪酬是指员工向其所在单位提供所需要的劳动而获得的各种形式赔偿，是单位支付给员工的劳动报酬。薪酬通常分为：直接货币薪酬和间接货币薪酬，其中直接货币薪酬包括工资、福利、奖金、奖品、津贴等；间接货币薪酬包括养老保险、医疗保险、失业保险、工伤及遗属保险、住房公积金、餐饮等。

项目五 人事档案管理

一、工作描述

人事档案管理就是对人事档案的收集、整理、保管、鉴定、统计和提供利用的活动。在虚拟商业环境中，通过查询员工档案，可以掌握企业员工信息，包括编号、员工名称、员工岗位、员工薪资、入职途径、入职时间等信息。

二、工作指引

在人事管理工作界面，执行"人事管理"下拉菜单中的"档案管理"命令，可以查看企业的全体员工资料，如图 12-10 所示，可根据员工岗位、员工名称筛选查询。

编号	员工名称	员工岗位	员工薪资	入职途径	入职时间（虚拟）	操作
4892	初级工人	初级工人	2800	招聘	2019-07-02	--
4858	初级工人	初级工人	2800	招聘	2018-12-28	--
4857	初级工人	初级工人	2800	招聘	2018-12-28	--
4823	工程师	工程师	6000	招聘	2018-01-02	--

图 12-10 "档案管理"界面

三、知识链接

人事档案是在人事管理活动中形成的，记述和反映个人经历和德才表现，以个人为单位组合起来，以备考察的文件材料。人事档案主要是由人事、组织、劳资等部门在培养、选拔和使用人员的工作活动中形成的，是个人经历、学历、社会关系、思想品德、业务能力、工作状况以及奖励处罚等的原始记录。

模块十三　财务管理

【知识目标】

- 了解财务管理的内容、目标
- 了解筹资的目的、渠道和方式
- 掌握银行贷款的流程
- 掌握营运资金管理的内容
- 掌握财务报表的填制

【能力目标】

- 会进行银行贷款的操作
- 能合理管理营运资金并进行相关操作
- 能做财务报表

【思政目标】

- 树立法治观念，培养学生诚实守信、廉洁自律、客观公正、坚持准则的职业道德
- 追求求真务实、科学管理、开源节流的工作作风
- 培养学生敬业、严谨、友善、互助的职业精神

在虚拟商业环境综合实训平台中，财务管理各功能模块和操作说明见表 13-1。

表 13-1　财务管理各功能模块和操作说明

部门	功能模块	操作说明
财务管理	应收款管理	查询应收款项
	应付款管理	查询应付款项
	发票管理	查询发票情况
	银行贷款	银行贷款业务办理
	工资发放	审核发放工资
	营业费用	结算营业费用
	纳税申报	申报企业纳税
	资产管理	查看资产状况及资产折旧情况
	财务报表	填定资产负债表、利润表及成本核算表

财务管理-上

项目一　往来款项管理

往来款项是指企业在生产经营过程中发生的各种应收、应付款项及预收、预付款项。根据《中华人民共和国会计法》《企业会计制度》等相关法律法规的规定，企业在经营过程中，应该管理往来款项，提高资金使用水平，规避风险，及时清理不合理的资金占用，保护企业资产的安全、完整。

一、工作描述

1. 往来款项的分类

往来款项主要包括应收及预付款项和应付及预收款项。应收及预付款项主要是指企业在生产经营过程中发生的各项债权，包括预收票据、应收账款、预付账款和其他应收账款。应付是指企业购买材料或者商品时需要支出的款项；预收是指企业向购货方提前预先收取的部分款项。预收款项一般会在买卖双方协议中规定，预收款项的核算，应视企业具体情况而定。

2. 往来款项的管理

所有往来账均以每一往来单位或个人设置二级科目进行明细核算，应正确使用会计科目，做到记账清楚、余额准确、账表相符，每月末列出分户清单，并及时提供给有关部门组织清收或及时报账清算。

二、工作指引

1. 应收账款管理

在"应收款管理"界面中，可看到公司的所有应收款订单列表，根据应收款状态，可进行查看和催款操作。

（1）应收账款的查询。在财务管理工作界面，执行"财务管理"下拉菜单中的"应收款管理"命令，打开"应收款管理"界面，可以根据付款机构、申请时间查询应收款项。单击"查看"按钮可查看应收款详情，如图 13-1 所示。

财务管理 > 应收款管理								
付款机构：	--请选择-- ▼		申请时间：	--请选择-- ▼	至	--请选择-- ▼		Q 查询
编号	付款机构	收款机构	应收金额（元）	收款说明	应收时间（虚拟）	收款状态	创建时间	操作
1206	商贸公司02	制造公司01	456,300.00	成品订单到货付款	2018-03-02	✔已收款	2018-02-02 15:42:40	Q 查看
1203	商贸公司02	制造公司01	477,360.00	成品订单到货付款	2018-03-02	✔已收款	2018-02-02 15:42:14	Q 查看

图 13-1　查询应收账款

（2）应收账款的催收。对于收款状态为"未收款"状态的订单，可单击右侧"操作"栏中的"催款"按钮，对订单进行催款操作，如图13-2所示。

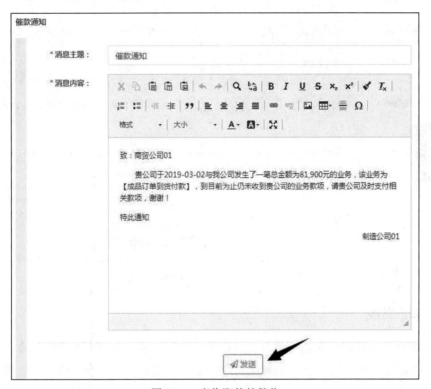

图13-2　应收账款的催收

2. 应付账款管理

（1）应付账款的查询。执行"财务管理"下拉菜单中的"应付款管理"命令，在打开的"应付款管理"界面可查看企业机构的应付款订单列表。可根据收款机构以及申请时间查看订单，也可根据收款机构、申请时间查询应付款信息，如图13-3所示。

图13-3　应付账款的查询

（2）应付账款的支付。在应付款订单操作部分，可根据付款状态进行操作，如对于付款状态为"未付款"的，可单击订单右侧的"操作"栏中的"付款"按钮，进入付款界面进行"核对完毕并付款"操作，完成应付账款的支付，如图13-4所示。

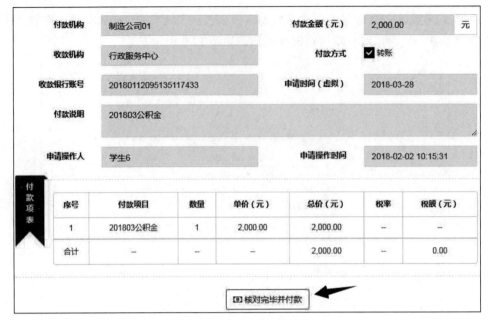

图 13-4　应付账款的支付

三、知识链接

应收账款是企业因销售商品或劳务而形成的债权。企业对应收账款的账龄要进行分析监督，债权超过一年有发生坏账的可能，应提醒、督促责任部门及时清理；对超过法律诉讼期限（二年）的往来账款，未能及时清理或处理，经办人、财务部领导及分管领导都应承担责任，造成重大损失者应加重处罚。

项目二　发票管理

发票是指在购销商品，提供或者接受服务以及从事其他经营活动中，开具、收取的收付款项凭证。现行税制发票分为普通发票和增值税专用发票两大类。普通发票是指增值税专用发票以外的纳税人使用的其他发票。增值税专用发票是由国家税务总局监制设计印制的，只限于增值税一般纳税人领购使用的，既作为纳税人反映经济活动中的重要会计凭证又是兼记销货方纳税义务和购货方进项税额的合法证明，是增值税计算和管理中重要的决定性的合法的专用发票。根据《中华人民共和国发票管理办法》规定，销售商品、提供服务以及从事其他经营活动的单位和个人，对外发生经营业务收取款项，收款方应当向付款方开具发票；特殊情况下由付款方向收款方开具发票。

一、工作描述

所有单位和从事生产、经营活动的个人在购买商品、接受服务以及从事其他经营活动支付款项时，应当向收款方取得发票。取得发票时，不得要求变更品名和金额。不符合规定的发票，不得作为财务报销凭证，任何单位和个人有权拒收。

财务人员要及时查看交易生成的电子发票，审核税率及发票种类使用是否正确。适用税率及发票种类请参考表 2-5。

二、工作指引

发票管理包括已收发票管理和已开发票管理。

1. 已收发票

在财务管理工作界面执行"财务管理"下拉菜单中的"发票管理"命令，可进入"发票管理"界面。选择"发票管理"界面左侧的"已收发票"选项卡，再单击"查看"按钮，可查看该项中的已收发票，如图 13-5 所示。

图 13-5　查看已收发票

2. 已开发票

选择"发票管理"界面左侧的"已开发票"选项卡，再单击"查看"按钮，可查看该项中的已开发票，如图 13-6 所示。

图 13-6　查询已开发票

三、知识链接

1. 增值税专用发票的使用与管理

（1）专用发票的使用联次。专用发票是增值税一般纳税人销售货物或者提供应税劳务开具的发票，是购买方支付的增值税额并可按照增值税有关规定出具以抵扣增值税进项税额的凭证。专业发票由基本联次或者基本联次附加其他联次构成。目前，我国采用增值税防伪税控开票系统填开专用发票，其基本联次分为抵扣联、发票联、记账联，共三联。

第一联为抵扣联，作为购买方报送主管税务机关认证和留存备查的凭证，购买方通过此联经税务机关认证后抵扣进项税额。

第二联为发票联，作为购买方核算采购成本和增值税进项税额的记账凭证。

第三联为记账联，作为销售方核算销售收入和增值税销项税额的记账凭证。

（2）专用发票领购使用范围。一般纳税人凭发票领购簿、IC 卡（Integrated Circuit Card，集成电路卡）和经办人身份证领购专用发票。一般纳税人有下列情形之一者，不得领购使用专用发票：

1）会计核算不健全，即不能按会计制度和税务机关的要求准确核算增值税的销项税额、进项税额和应纳税额者。

2）不能向税务机关准确提供增值税销项税额、进项税额、应纳税额数据及其他有关增值税税务资料者。上述其他有关增值税税务资料的内容，由国家税务总局直属分局确定。

3）有以下行为，经税务机关责令限期改正而仍未改正者：

● 虚开增值税专用发票。

● 向税务机关以外的单位和个人买取专用发票。

● 借用他人专用发票。

● 未按规定要求开具专用发票。

● 未按规定保管专用发票和专用设备。

● 未按本规定申请办理防伪税控系统变更发行。

● 未按规定接受税务机关检查。

4）销售的货物全部属于免税项目者。

有上列情形的一般纳税人如已领购使用专用发票，主管税务机关应收缴其结存的专用发票。

（3）专用发票开具要求如下：

1）项目齐全，与实际交易相符。

2）字迹清晰，不得涂改、压线、错格。

3）发票联和抵扣联加盖发票专用章。

4）按照规定的时限开具专用发票。

（4）不得开具增值税发票的情形：

1）向消费者个人销售货物或者应税劳务的。

2）销售货物或者应税劳务适用免税规定的。

3）小规模纳税人销售货物或者应税劳务的。

2. 增值税普通发票的使用与管理

（1）普通发票的使用范围。普通发票在所有的经营活动中都可以使用，而增值税专用发票仅限于增值税一般纳税人在销售货物和提供加工、修理修配劳务时使用。

（2）票面记载的内容。普通发票记载的主要是交易数量、含税价格、含税交易额等；增值税专用发票记载的主要是交易数量、不含税价格、不含税交易额、增值税税额等。

（3）普通发票的使用联次。增值税普通发票的格式、字体、栏次、内容与增值税专用发票完全一致，按发票联次分为两联票和五联票两种，基本联次为两联，第一联为记账联，销货方用作记账凭证；第二联为发票联，购货方用作记账凭证。此外为满足部分纳税人的需要，在基本联次后添加了三联的附加联次，即五联票，供企业选择使用。

项目三　银行贷款管理

银行贷款是指银行根据其所在国家政策以一定的利率将资金贷放给资金需求的个人或企业，并约定期限归还的一种经济行为。本书中主要指向企业发放的贷款。

一、工作描述

1. 贷款期限

企业在生产经营过程中可以根据需要向银行或者其他金融机构按照规定利率和期限提出贷款申请，银行贷款的额度、利率等由商业银行确定。

2. 贷款业务流程

（1）贷款申请。企业向银行提出资金贷款申请，应主要提供：营业执照；法定代表人身份证明；经财政部门或会计（审计）师事务所核准的前三个年度及上个月财务报表和审计报告；税务部门年检合格的税务登记证明；公司合同或章程；企业成员和主要负责人、财务负责人名单和签字样本等；担保人相关材料；本书中要求提供的其他资料。

（2）签订合同。如银行进行调查和审批后认为贷款可行，则银行与企业签订借款合同和担保合同等法律性文件。

（3）落实担保。银行与企业签订借款合同后，需进一步落实第三方保证、抵押、质押等担保措施，并办理有关担保登记、公证或抵押物保险、质物交存银行等手续。

（4）贷款获取。企业办妥发放贷款前的有关手续，借款合同即生效，银行即可向企业发放贷款，企业可按照合同规定用途使用贷款。

（5）还款。企业按合同约定方式偿还贷款，并清算利息。

3. 注意事项

贷款申请过程中，要根据要求核算企业的固定资产、所有者权益等账面金额，贷款金额不要超过最高限额。企业会计每个季度要及时核算交付银行的贷款利息。

二、工作指引

虚拟商业环境综合运营中银行贷款分为短期贷款和长期贷款。

1. 短期贷款

（1）进入贷款申请界面。在财务管理工作界面执行"财务管理"下拉菜单中的"银行贷款"命令，打开"银行贷款"界面。选择"短期贷款"选项卡，然后单击"申请贷款"按钮，可进入申请界面，如图13-7所示。

图 13-7　企业短期贷款申请

（2）申请短期贷款。在"新建贷款申请"界面填写贷款期限、金额、申请说明后，单击"申请"按钮，进行申请，如图 13-8 所示。

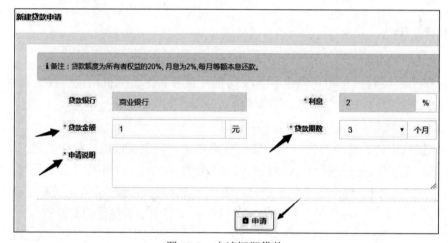

图 13-8　申请短期贷款

2. 长期贷款

（1）进入贷款申请界面。在"银行贷款"界面中选择"长期贷款"选项卡，然后单击"申请贷款"按钮，可进入申请界面。

（2）申请短期贷款。在"新建贷款申请"界面填写贷款期限、金额、申请说明后单击"申请"按钮，如图 13-9 所示。

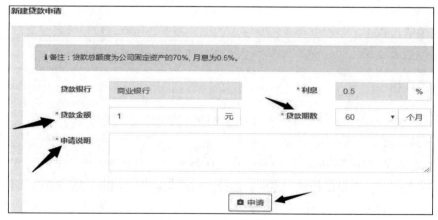

图 13-9　申请长期贷款

三、知识链接

企业贷款是指企业为了生产经营的需要，向银行或其他金融机构按照规定利率和期限借款的一种借款方式。贷款主要有如下种类。

1. 信用贷款和担保贷款

（1）信用贷款是指以借款人的信誉发放的贷款。

（2）担保贷款又分为保证贷款、抵押贷款和质押贷款。

1）保证贷款是指按《中华人民共和国民法典》规定的保证方式以第三人承诺在借款人不能偿还贷款时，按约定承担一般保证责任或者连带责任而发放的贷款。

2）抵押贷款是指按《中华人民共和国民法典》规定的抵押方式以借款人或第三人的财产作为抵押物发放的贷款。

3）质押贷款是指按《中华人民共和国民法典》规定的质押方式以借款人或第三人的动产或权利作为质物发放的贷款。

2. 流动资金贷款和固定资产贷款

（1）流动资金贷款是指银行向借款人发放的用于正常生产经营周转或临时性资金需要的贷款。流动资金贷款按贷款期限分为短期贷款、中期贷款等。短期贷款是指期限在一年（含）以内的流动资金贷款，主要用于企业正常生产经营周转的资金需求；中期贷款是指期限为一年至三年（不含一年，含三年）的流动资金贷款，主要用于企业正常生产经营中经常性的周转占用和铺底流动资金的贷款。

（2）固定资产贷款是银行向借款人提供的，主要用于固定资产项目的建设、购置、改造及其相应配套设施建设的中长期贷款。

项目四 工资发放管理

财务管理-下

一、工作描述

工资在国民经济生活中占有重要地位，它既是劳动者获得个人收入的重要来源，又是企业成本价格的主要组成部分。在虚拟商业环境运营中，各个岗位职工工资按照不同类型公司规则制定的标准定期发放并进行相关会计核算。

二、工作指引

当人力资源经理完成员工薪资社保的结算后，可在财务管理中的"工资发放"界面进行员工工资的核对发放操作。

（1）在财务管理工作界面，执行"财务管理"下拉菜单中的"工资发放"命令，进入"工资发放"界面，如图 13-10 所示。

图 13-10　"工资发放"界面

（2）发放工资。在该界面单击右侧的"核对发放"按钮，可进入薪资核对发放界面进行操作，如图 13-11 所示。

第201802期薪资核对发放

序号	员工名称	所在部门	所在岗位	应发工资（元）	社保（元）	公积金（元）	小计（元）	社保（元）	公积金（元）	小计（元）	计税工资	代扣个人所得税
1	--	管理部	总经理	10000	550	1200	1,750.00	550	1200	1,750.00	8250	475
2	--	人力资源部	人力资源经理	8000	440	960	1,400.00	440	960	1,400.00	6600	310
3	--	财务部	财务经理	8000	440	960	1,400.00	440	960	1,400.00	6600	310
4	--	财务部	出纳员	4000	220	480	700.00	220	480	700.00	3300	0
5	--	销售部	销售经理	8000	440	960	1,400.00	440	960	1,400.00	6600	310
6	--	采购部	采购经理	8000	440	960	1,400.00	440	960	1,400.00	6600	310
合计	--	--	--	100000	5,500.00	12,000.00	17,500.00	5,500.00	12,000.00	17,500.00	82500	2,770.00

201802结算情况：当月员工实发薪资总金额为79,730.00元，当月代扣社保总金额为：11,000.00元，当月代扣公积金总金额为：24,000.00元，当月代扣个人所得税为：2,770.00元，总金额合计：117,500.00元。

薪资结算情况

结算操作人	学生6	结算操作时间	2018-02-02 17:37:34

核对发放

图 13-11　薪资发放

三、知识链接

1. 工资与薪酬的区别

工资是指用人单位依据法律规定或与员工之间的约定，以货币形式对员工的劳动所支付的报酬（包括工资、奖金、津贴等）。薪酬是指企业为获得职工提供劳务或者解除劳务关系给予职工各种形式的报酬或赔偿，除了用人单位发给员工的工资，还有为员工缴纳的社会保险金、公积金、职工福利费、工会经费和职工教育经费等。工资只是用人单位提供给员工薪酬的一部分。

2. 注意事项

在实际工作中计量应付货币性职工薪酬时，国家有明确计提标准，企业应该按照规定计提基础和计提比例计算计提标准，如"五险一金"、工会经费、职工教育经费等；企业发生的职工福利费应当在实际发生时根据实际发生额计入当期损益或者相关资产成本。福利费通常据实列支，也就不存在余额的问题，但企业也可以先提后用。通常，企业提取的职工福利费在会计年度终了经调整后应该没有余额，但这并不意味着职工福利费不允许存在余额。在会计年度中间允许职工福利费存在余额，如企业某月提取的福利费超过当月实际支出的福利费，则职工福利费就存在余额。

项目五 营业费用的管理

在实际中，广义费用是指企业在生产经营过程中的支持消耗或负债的承诺，包括企业各种费用和损失；狭义费用仅指与当期营业收入直接配比的耗费。

一、工作描述

在虚拟商业环境运营中对企业的费用核算进行了简化，企业各种费用和损失按照表2-2的标准进行核算。

（1）商贸公司、制造公司、供应商、物流公司在开业时需要支付招聘费用和固定资产购置费用。

（2）在行政服务中心工商局的"市场监控"模块中，系统根据订单合同的交货期判断该合同是否违约，如果该合同违约，可在"市场监控"模块找到该订单，进行处罚。违约按照合同金额20%付违约金，如40000元合同金额，需支付8000元的违约金。交付数量必须满足订单数量后才能交付订单，如无法交付订单，则计合同违约。合同违约并缴纳违约金后，可选择继续订单或放弃订单，如继续订单，则只需在订单交付模块继续交付即可，无需支付滞纳金，交付时间系统无限制，需线下强制规定延期交付期限，合同违约金缴纳至行政服务中心。

二、工作指引

1. 查询营业费用

在财务管理工作界面中执行"财务管理"下拉菜单中的"营业费用"命令，可查看公司每月的营业费用情况，并进行费用结算，如图13-12所示。单击"查看"按钮可以查看已结月份详情。

费用月份	费用状态	费用总额（元）	操作时间	操作
201801	已结算	80,000.00	2018-02-02 17:16:55	查看
201802	已结算	96,000.00	2018-02-02 17:17:34	查看
201803	未结算	--	--	结算

图 13-12　营业费用查看与结算

2. 费用结算

在"营业费用"界面单击"结算"按钮，可进入结算界面，单击"提交"按钮即可进行营业费用结算，如图 13-13 所示。

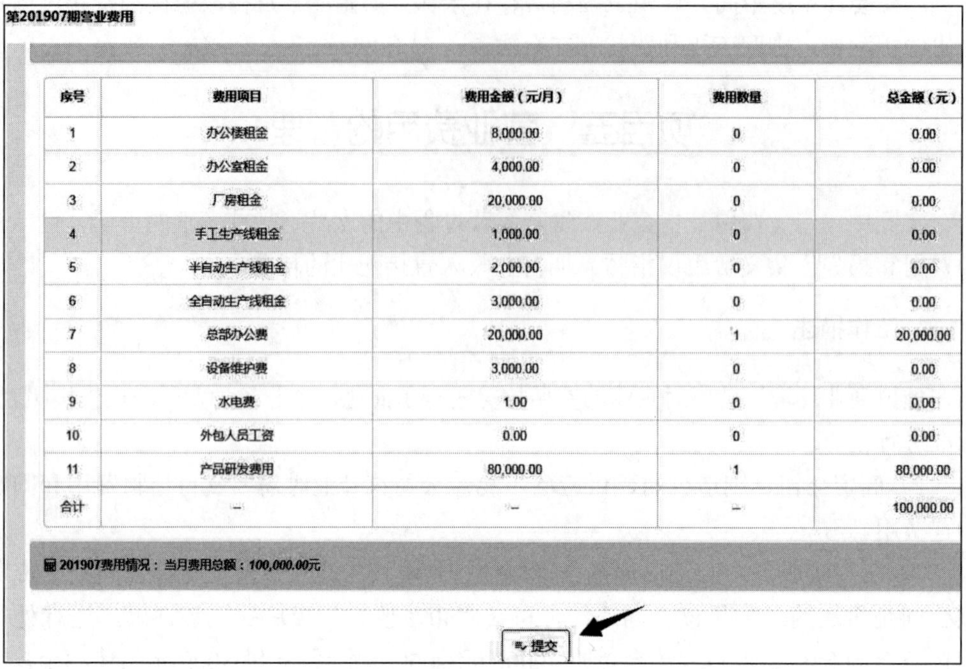

第201907期营业费用

序号	费用项目	费用金额（元/月）	费用数量	总金额（元）
1	办公楼租金	8,000.00	0	0.00
2	办公室租金	4,000.00	0	0.00
3	厂房租金	20,000.00	0	0.00
4	手工生产线租金	1,000.00	0	0.00
5	半自动生产线租金	2,000.00	0	0.00
6	全自动生产线租金	3,000.00	0	0.00
7	总部办公费	20,000.00	1	20,000.00
8	设备维护费	3,000.00	0	0.00
9	水电费	1.00	0	0.00
10	外包人员工资	0.00	0	0.00
11	产品研发费用	80,000.00	1	80,000.00
合计	—	—	—	100,000.00

201907费用情况：当月费用总额：100,000.00元

提交

图 13-13　营业费用结算

三、知识链接

主要参考法规：

《企业会计准则——基本准则》《企业会计准则——应用指南》《企业产品成本核算制度》《企业内部控制应用指引第 9 号——销售业务》。

项目六　纳 税 申 报

纳税申报是指纳税人按照税法规定的期限和内容向税务机关提交有关纳税事项书面报告的法律行为，是纳税人履行纳税义务、承担法律责任的主要依据，是税务机关税收管理信息的主要来源和税务管理的一项重要制度。

一、工作描述

在虚拟仿真商业环境综合实训平台中，企业财务人员根据经济定期进行纳税申报。纳税申报的内容主要是增值税和所得税。纳税申报时间：4 月份初报第一季度报表，7 月初报第二季度报表，11 月初报第三季度报表，下一年一月初报年报。

二、工作指引

企业可在财务管理中的“纳税申报”模块进行纳税申报。

1. 进入纳税申报

在财务管理工作界面，执行"财务管理"下拉菜单中的"纳税申报"命令，进入"纳税申报"界面。单击"提交"按钮可进行纳税申报，如图 13-14 所示。

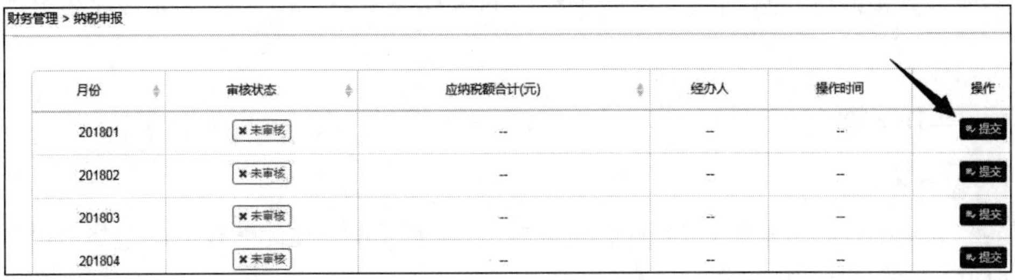

图 13-14　纳税申报

2. 填写申报信息

单击"提交"按钮进入"增值纳税申报"界面，完成相关内容填制后单击"保存"按钮，如图 13-15 所示。

图 13-15　纳税申报提交

三、知识链接

个人所得税标准如下：

应发工资=基本工资；

代扣社保=应发工资×5.5%；

代扣公积金=应发工资×12%；

代扣小计=代扣社保+代扣公积金；

计税工资=应发工资−代扣小计；

个人所得税=(计税工资−3500)×10%。

项目七 资产管理

本项目所指的资产管理主要是固定资产的管理，主要包括资产状况管理和资产折旧管理。

一、工作描述

1. 固定资产的购建

每个企业在开业时都需要购置固定资产，不同类型企业具体配置的固定资产可以查询规则列表。财务人员根据购置内容进行账务处理。

2. 固定资产付款方式

固定资产付款方式可在实训配置时进行选择，选择付款方式后，整个实训的付款方式将按照该选择进行付款。在虚拟仿真商业环境综合实训平台中，固定资产付款方式有直接付款和审核付款两种方式。

（1）直接付款方式：在固定资产采购订单审核通过后直接付款。

（2）审核付款方式：在固定资产采购订单审核通过后，在财务管理的"应付款管理"界面中，可找到该订单并进行付款。

3. 固定资产采购到位时间

除三种生产线以外的其他固定资产，均在固定资产采购订单审核通过后直接到位，生产线需要一个月的周期才能投入生产。

4. 固定资产折旧

在虚拟仿真商业环境综合实训平台中，固定资产折旧采用年限平均法按月计提。折旧年限和月折旧额按表 2-7 列示标准计提。

二、工作指引

虚拟仿真商业环境综合实训平台中的资产管理包括资产状况查询、固定资产折旧。系统可根据资产时间对资产状况进行查询。

1. 进入资产管理

在财务管理工作界面中，执行"财务管理"下拉菜单中的"资产管理"命令，进入"资产管理"界面，如图 13-16 所示。

图 13-16 "资产管理"界面

2. 资产状况查询

选择"资产管理"界面的"资产状况"选项卡，可以根据资产购置时间段查询资产状况，如图 13-17 所示。

图 13-17　查询资产状况

3. 固定资产折旧管理

选择"资产管理"界面的"资产折旧"选项卡，进入"资产折旧"界面，如图 13-18 所示。

图 13-18　资产折旧管理

4. 固定资产折旧计提

单击"资产折旧"界面的"计提折旧"按钮，可进行折旧计提操作，如图 13-19 所示。

图 13-19　固定资产计提折旧

三、知识链接

主要参考法规:

《企业会计准则第 4 号——固定资产》《企业会计准则——应用指南》《企业内部控制应用指引第 8 号——资产管理》。

项目八　财务报表

财务报表是对企业财务状况、经营成果和现金流量的结构性表述。

一、工作描述

在虚拟仿真商业环境综合实训平台中需要编制的有"资产负债表""利润表""成本核算表"。

二、工作指引

在财务管理中的"财务报表"模块,企业可进行"资产负债表""利润表""成本核算表"的填写和提交操作。

1. 资产负债表

（1）在财务管理工作界面中,执行"财务管理"下拉菜单中的"财务报表"命令,在打开的"财务报表"界面中选择"资产负债表"选项卡,如图 13-20 所示。

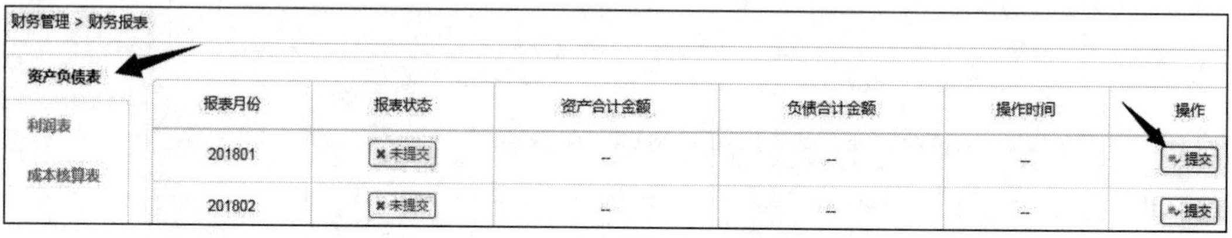

财务管理 > 财务报表						
资产负债表	报表月份	报表状态	资产合计金额	负债合计金额	操作时间	操作
利润表	201801	✖未提交	--	--	--	⇌提交
成本核算表	201802	✖未提交	--	--	--	⇌提交

图 13-20　"财务报表"界面

（2）填制资产负债表。填制完"资产负债表"之后单击"保存"按钮,再单击"提交"按钮,可提交"交资产负债表"信息,如图 13-21 所示。

2. 利润表

从图 13-20 所示的界面进入"利润表"界面,填制完成之后单击"保存"按钮,再单击"提交"按钮,可提交"利润表"信息,如图 13-22 所示。

3. 成本核算表

从图 13-20 所示的界面进入"成本核算表",单击"成品核算"和"原材料核算"按钮,可查看"成品成本核算表"和"原材料成本核算表",如图 13-23 和图 13-24 所示。

资 产 负 债 表

单位名称：制造公司01   日期：201801   单位：圆角分

资产	行次	期末余额	期初余额	负债与所有者权益	行次	期末余额	期初余额
流动资产				流动负债			
货币资金	1	1002	0	短期借款	16	0	0
应收账款	2	0	0	应付账款	17	0	0
预付账款	3	0	0	预收账款	18	0	0
其他应收款	4	0	0	应付职工薪酬	19	0	0
存货	5	0	0	应交税费	20	0	0
其中：原材料	6	0	0	其他应付款	21	0	0
库存商品	7	0	0	其他流动负债	22	0	0
流动资产合计	8	1002	0	流动负债合计	23	0	0
非流动资产				非流动负债			
长期投资	9	0	0	长期借款	24	0	0
固定资产原值	10	0	0	非流动负债合计	25	0	0

保存　关闭

图 13-21　填制"资产负债表"

利 润 表

编制单位：制造公司01   日期：201802   单位：圆角分

项目	行数	本月金额	本年累计金额
一、主营业务收入	1	0	
减：主营业务成本	2	0	
减：营业税金及附加	3	0	
减：销售费用	4	0	
减：管理费用	5	0	
减：财务费用	6	0	
二、营业利润	7	0	
加：营业外收入	8	0	
减：营业外支出	9	0	
其中：非流动资产处置净损失	10	0	
三、利润总额	11	0	
减：所得税	12	0	

保存　关闭

图 13-22　填制"利润表"

开始时间（虚拟）：2018-01-02			结束时间（虚拟）：2018-01-28										

摘要			期初库存			期间入库合计			期间出库合计			期末库存		
存货名称	规格	净重	数量	单价	总金额	数量	单价	总金额	数量	单价	总金额	数量	单价	总金额
经济型童车	130*70*50	13.1	0	¥0.00	¥0.00	0	¥0.00	¥0.00	0	¥0.00	¥0.00	0	¥0.00	¥0.00
舒适型童车	130*70*50	13.3	0	¥0.00	¥0.00	0	¥0.00	¥0.00	0	¥0.00	¥0.00	0	¥0.00	¥0.00
豪华型童车	130*70*50	14.3	0	¥0.00	¥0.00	0	¥0.00	¥0.00	0	¥0.00	¥0.00	0	¥0.00	¥0.00
合计					¥0.00			¥0.00			¥0.00			¥0.00

图 13-23　成品成本核算表

开始时间（虚拟）：2018-01-02			结束时间（虚拟）：2018-01-28										

摘要		期初库存			期间入库合计			期间出库合计			期末库存		
存货名称	净重	数量	单价	总金额	数量	单价	总金额	数量	单价	总金额	数量	单价	总金额
车身	10	0	¥0.00	¥0.00	0	¥0.00	¥0.00	0	¥0.00	¥0.00	0	¥0.00	¥0.00
车轮	0.5	0	¥0.00	¥0.00	0	¥0.00	¥0.00	0	¥0.00	¥0.00	0	¥0.00	¥0.00
电机	0.5	0	¥0.00	¥0.00	0	¥0.00	¥0.00	0	¥0.00	¥0.00	0	¥0.00	¥0.00
电池	0.3	0	¥0.00	¥0.00	0	¥0.00	¥0.00	0	¥0.00	¥0.00	0	¥0.00	¥0.00
电源适配器	0.3	0	¥0.00	¥0.00	0	¥0.00	¥0.00	0	¥0.00	¥0.00	0	¥0.00	¥0.00
音乐模块	0.2	0	¥0.00	¥0.00	0	¥0.00	¥0.00	0	¥0.00	¥0.00	0	¥0.00	¥0.00
遥控模块	0.5	0	¥0.00	¥0.00	0	¥0.00	¥0.00	0	¥0.00	¥0.00	0	¥0.00	¥0.00
合计				¥0.00			¥0.00			¥0.00			¥0.00

图 13-24　原材料成本核算表

三、知识链接

主要参考法规：

《企业会计准则第 30 号——财务报表列报》《企业会计准则——应用指南》《企业内部控制应用指引第 14 号——财务报告》。

附录 A 虚拟仿真商业环境综合实训平台简介

虚拟仿真商业环境综合实训平台是广州凌仁乐信息科技有限公司在对应用型本科、高职院校经管类专业的人才培养目标和学生技能训练需求充分调研的基础上，在中国管理现代化研究会决策模拟专业委员会的专家和中山大学、广东财经大学、河源职业技术学院等院校专家的指导下，基于真实案例开发的综合性大型实训平台。该平台采用基于 B/S 架构搭建，采用 SpringMVC3+Spring3+Freemarker 框架开发，结合最新前端用户体验技术 HTML5+CSS3 及 Flash+3D 建模。作为 Web 视图应用可通过采用多应用服务器集群的方式进行分布式部署实现系统的高并发和高性能要求，并可基于 SaaS（Software as a Service，软件支付）模式运转，根据数据安全要求采用多种加密手段保证数据安全，是具有分布式的、高性能、跨平台和安全性等特点的服务式综合平台。

虚拟仿真商业环境综合实训平台是在跨专业学习、专业融合、新商科等背景下，采用案例教学、项目教学等教学方式，以学生为中心，构建的全方面、多维度的评价体系。该平台基于虚拟市场构建，以先进制造业为核心，整合供应链上下游业务，包含为市场主体业务驱动提供各种服务的社会组织及政府机构。该平台采用业务驱动、自主经营、自负盈亏的虚拟市场与各具特色的决策仿真数据，其主要市场主体有制造企业、商贸企业、物流企业、贸易企业，其主要服务有金融服务、外包企业、商务服务、财务服务、政务服务等。

虚拟仿真商业环境综合实训平台与传统跨专业学习平台最大的区别在于实训业务的高度个性化配置与按需模块构建，即可根据本地区经济发展特点、学校人才培养目标及学生的学习特点进行本地化特色模块建设。在该平台上，学生可基于团队目标，采取"O2O（Online To Offine，在线离线）"理念参与团队的创建与成员招募，具有很强的现场活跃度与参与度，用手机等移动设备即可组织开展大规模的路演和投票活动，培养学生的隐性素质，激发"市场活力"。同时该平台在基础流程上自定义组织架构以适配业务的开展，并不限定固定的市场主体类型和主体的组织架构及固定的业务流程。该平台的全过程数据都会进入评价体系，形成学生的"综合学情报告"，与此同时平台对于教学资源和教学成果的集中化，更有利于提高学生的专注力与参与度。

虚拟仿真商业环境综合实训平台为经管类或泛经管类学生提供了企业仿真运作的实战学习环境，通过在虚拟市场的仿真运营训练业务知识与业务技能，可提高学生个人胜任力的核心能力、专业应用能力、职业通用能力、语言表达能力、组织协调能力、创新创业能力等。平台可面向全体师生，结合专业建设，灵活融入学校人才培养目标。结合党的二十大报告指出的："教育、科技、人才是全面建设社会主义现代化国家的基础性、战略性支撑"，在继续创新的要求下，该平台真正实现了跨专业、多学科的深度融合，对学校的整体教学目标的高质量实现必将起到积极的作用。

附录 B 基于虚拟仿真商业环境综合实训平台的课程体系

虚拟仿真商业环境综合实训平台基于真实的案例虚拟了一个商业环境，构建了包括政务组织、公共服务组织、生产制造企业、商贸流通企业、金融企业等不同类型的机构，几十种角色和几百个训练任务。学生在仿真的社会环境、市场环境、商务环境、政务环境和公共环境中扮演不同的角色，按照现实的工作流程、工作任务、业务单据，进行仿真经营和业务运作。该平台可让学生感受到经营环境的交互性、复杂性和多变性，决策的科学性和灵活性，经营管理的整体性、协同性和有效性。体验虚拟现实的职业氛围、企业经营管理活动过程和主要业务流程，体会组织之间、部门之间、岗位之间的相互影响和关联关系；促进知识的整合和融会贯通，学习跨专业知识，训练学生的专业技能和跨专业拓展技能，提升学生的团队意识和竞争意识等综合素质，培养和提高学生的决策力、执行力、数据分析能力、分析和解决问题的能力、沟通协作能力、创新创业能力，使学生积累间接的工作经验，为毕业后的实际工作打下坚实的基础。

一、课程应用范例

1. 跨专业综合仿真实训课程

（1）建议学时：72～84 学时，3 周整周实训。

（2）适用专业：工商企业管理、物流管理、市场营销、财务管理、人力资源管理、大数据与会计等经营类专业，选择其中的部分专业即可组建跨专业班级进行训练。

（3）开课学期：修完专业课程，建议安排在毕业实习前。

2. 创新创业虚拟仿真训练课程

（1）建议学时：48～56 学时，2 周整周实训。

（2）适用专业：所有专业。

（3）开课学期：修完专业课程，建议安排在毕业实习前。

3. 专业技能综合训练课程

（1）建议学时：28～84 学时，1～3 周整周实训。

（2）适用专业：经管类某一个专业。

（3）开课学期：修完专业课程，建议安排在毕业实习前。

二、教学进程设计参考范例

1. 教学进程设计范例 1（3 周 72 学时）

特点：组织工商注册、轮岗训练、强调跨专业知识运用和能力训练。训练项目、教学目标、教学内容等详见表 B-1。

表 B-1　教学讲程设计范例 1

训练项目	课时	教学目标	教学（训练）内容	辅助活动
实习动员会	2	理解实习的目标 了解虚拟商业环境 了解机构职能 初步了解平台界面	召开实习动员会 宣布实习的相关规定 介绍各机构的职能 讲解平台界面	导入学生名单 负责人竞聘报名 竞聘准备工作
负责人竞聘	4	训练学生的演讲能力	负责人报名演讲 学生投票 公布结果	负责人制作招聘海报 其他人员准备简历
团队组建	4	能够根据组织和岗位特点组建团队 提升学生的协调沟通能力、职业能力 培养团队精神	布置招聘现场 进行现场招聘 团队分工 表单发放	点评招聘海报 点评应聘简历 机构人员进行招聘心 得分享
筹备开业	4	了解公司命名的相关规定 掌握开办企业的流程 会填制开办企业的表单 提升学生的沟通能力	公司选址 工商注册 银行开户 税务登记 购置开业必备资产 招聘开业必备人员	公司命名 设计公司标志 刻制印章
第一年 1 月份运营	4	训练学生的信息获取和数据分析能力 会运用经济学价格弹性知识 了解合同签订的要求 感知企业业务流程 理解各组织间的关系 提升学生的实践操作能力 提升学生的协调沟通能力 提升学生的综合决策能力	获取市场信息 商贸公司成品竞单 供应商原材料竞单 成品交易会 原材料交易会 制订经营计划 购置固定资产 人力资源管理	签订商品购销合同 签订原材料购销合同 讲授合同签订要求
第一年 2 月、3 月运营	4	训练学生的编制计划 提升学生的生产组织与安排的能力 了解供应链运作过程 提升学生的实践操作能力 提升学生的协调沟通能力 提升学生的综合决策能力	编制主生产计划 组织生产 研发产品 招聘、培训人员 进行入库、出库作业 委托运输 运输规划与调度 订单交付 编制工资报表	编制工作简报 制定公司制度 讲授主计划编制

训练项目	课时	教学目标	教学（训练）内容	辅助活动
第一年4月份运营	4	熟悉合同签订的要求 掌握筹资渠道和筹资成本 控制生产成本 学会编制财务报表 提升学生的实践操作能力 提升学生的协调沟通能力 提升学生的综合决策能力	成品交易 原材料交易 生产管理 编制财务报表 筹集资金 人力资源管理	签订商品购销合同 签订原材料购销合同 开展公司路演与投票 讲授成本核算
第一年5月、6月运营	4	训练学生的成本控制能力 提升学生的文案撰写能力 提升学生的长期规划能力 提升学生的实践操作能力 提升学生的协调沟通能力 提升学生的综合决策能力	生产管理 人力资源管理 仓储管理 财务管理 运输管理	编制工作简报 完善公司制度 讲授企业发展战略
第一年7月运营	4	提升学生的采购与库存管理能力 提升学生的实践操作能力 提升学生的协调沟通能力 提升学生的综合决策能力	成品交易 原材料交易 生产管理 编制财务报表 筹集资金 人力资源管理	订商品购销合同 签订原材料购销合同 开展公司路演与投票 讲授谈判技巧
第一年8月、9月运营	4	熟悉招投标和拍卖流程 提升学生的文案撰写能力 提升学生的长期规划能力 提升学生的实践操作能力 提升学生的协调沟通能力 提升学生的综合决策能力	生产管理 人力资源管理 仓储管理 财务管理 运输管理 政府采购 原材料拍卖	编制工作简报 完善公司制度 讲授运输管理
第一年10月运营	4	提升学生的采购与库存管理能力 提升学生的实践操作能力 提升学生的协调沟通能力 提升学生的综合决策能力	成品交易 原材料交易 生产管理 编制财务报表 筹集资金 人力资源管理	订商品购销合同 签订原材料购销合同 开展公司路演与投票 讲授采购与库存管理
第一年11月、12月运营	4	熟悉招投标和拍卖流程 提升学生的文案撰写能力 提升学生的长期规划能力 提升学生的实践操作能力 提升学生的协调沟通能力 提升学生的综合决策能力	生产管理 人力资源管理 仓储管理 财务管理 运输管理 政府采购标 原材料拍卖	编制工作简报 完善公司制度 点评学生线下任务完成情况

续表

训练项目	课时	教学目标	教学（训练）内容	辅助活动
第二年 1~12 月运营	22	熟悉业务流程 加深对各组织间关系的认知 能够根据组织岗位任务要求完成相应的工作 轮岗或了解其他岗位业务 提升学生的实践操作能力 提升学生的协调沟通能力 提升学生的综合决策能力	生产管理 人力资源管理 仓储管理 财务管理 运输管理 政府采购标 原材料拍卖	签订商品购销合同 签订原材料购销合同 公司路演与投票 编制工作简报 完善公司制度
实训总结	4	训练学生的协调沟通能力	各机构总结汇报 教师总结	回收教具 回收单据

2. 教学进程设计范例 2（2 周 48 学时）

特点：参考教学进程设计范例 1，但只经营一年，不安排第二年轮岗训练。可以结合创新创业的特点，突出公司注册和银行开户流程的训练。在公司路演中，建议安排产品创新、品牌设计、管理创新等路演活动。

3. 教学进程设计范例 3（1 周 24 学时）

特点：快速组建团队，不组织路演活动，工资报表和财务报表采用购买模式；采用网络平台，部分实操在课后完成。训练项目、教学目标、教学内容详见表 B-2。

表 B-2　教学进程设计范例 3

训练项目	课时	教学目标	教学（训练）内容	辅助活动
实习动员会	2	理解实习目标 了解虚拟商业环境 了解机构职能 初步了解平台界面	召开实习动员会 宣布实习的相关规定 介绍各机构的职能 讲解平台界面	导入学生名单 指定负责人 教师后台进行分工
实训准备	2	了解公司注册的相关规定 提升学生的沟通能力	公司注册 团队分工	设计公司标志
第一年 1 月运营	3	训练信息获取和数据分析能力 会运用经济学价格弹性知识 了解合同签订的要求 感知企业业务流程 理解各组织间的关系 提升学生的实践操作能力 提升学生的协调沟通能力 提升学生的综合决策能力	获取市场信息 商贸公司成品竞单 供应商原材料竞单 成品交易会 原材料交易会 制订经营计划 购置固定资产 人力资源管理	签订商品购销合同 签订原材料购销合同 购买工资报表
第一年 2 月、3 月运营	3	训练学生的编制计划 提升学生的生产组织与安排的能力 了解供应链运作过程 提升学生的实践操作能力 提升学生的协调沟通能力 提升综合决策能力	编制主生产计划 组织生产 研发产品 招聘、培训人员 进行入库、出库作业 委托运输 运输规划与调度 订单交付	购买工资报表

训练项目	课时	教学目标	教学（训练）内容	辅助活动
第一年 4 月运营	2	熟悉合同签订的要求 掌握筹资渠道和筹资成本 控制生产成本 提升学生的实践操作能力 提升学生的协调沟通能力 提升学生的综合决策能力	成品交易 原材料交易 生产管理 筹集资金 人力资源管理	签订商品购销合同 签订原材料购销合同 购买工资报表 购买财务报表
第一年 5 月、6 月运营	2	训练学生的成本控制能力 提升学生的文案撰写能力 提升学生的长期规划能力 提升学生的实践操作能力 提升学生的协调沟通能力 提升学生的综合决策能力	生产管理 人力资源管理 仓储管理 财务管理 运输管理	购买工资报表
第一年 7 月运营	2	提升学生的采购与库存管理能力 提升学生的实践操作能力 提升学生的协调沟通能力 提升学生的综合决策能力	成品交易 原材料交易 生产管理 筹集资金 人力资源管理	签订商品购销合同 签订原材料购销合同 购买工资报表 购买财务报表
第一年 8 月、9 月运营	2	熟悉招投标和拍卖流程 提升学生的长期规划能力 提升学生的实践操作能力 提升学生的协调沟通能力 提升学生的综合决策能力	生产管理 人力资源管理 仓储管理 财务管理 运输管理 政府采购 原材料拍卖	购买工资报表
第一年 10 月运营	2	提升学生的采购与库存管理能力 提升学生的实践操作能力 提升学生的协调沟通能力 提升学生的综合决策能力	成品交易 原材料交易 生产管理 编制财务报表 筹集资金 人力资源管理	签订商品购销合同 签订原材料购销合同 购买工资报表 购买财务报表
第一年 11 月、12 月运营	2	熟悉招投标和拍卖流程 提升学生的长期规划能力 提升学生的实践操作能力 提升学生的协调沟通能力 提升学生的综合决策能力	生产管理 人力资源管理 仓储管理 财务管理 运输管理 政府采购 原材料拍卖	购买工资报表
实训总结	2	训练学生的协调沟通能力	各机构总结汇报 教师总结	教具回收 单据回收

参 考 文 献

[1] 邓文博，姜庆，曾苑，等．企业运营综合实战：经管类跨专业仿真实训教程[M]．北京：清华大学出版社，2016．

[2] 邓文博，吴春尚，姜庆，等．高职经管类专业实践教学模式的探索与创新：基于虚拟仿真训练提升学生综合能力[M]．北京：清华大学出版社，2017．

[3] 阎子刚．物流运输管理实务[M]．3版．北京：高等教育出版社，2014．

[4] 白迎超，邓文博．人力资源管理[M]．北京：清华大学出版社，2017．

[5] 王振翼．商务谈判与沟通技巧[M]．2版．大连：东北财经大学出版社，2015．

[6] 阿兰·佩卡尔·朗珀勒，奥雷利安·科尔松．谈判的艺术[M]．张怡，邢铁英，译．北京：北京大学出版社，2011．